LOW-ALTITUDE
ECONOMY

低空经济及其应用场景

黄正中 —— 著

湖南人民出版社·长沙

序一

安国利民的重大战略举措

中国工程院院士 刘大响

　　发展低空经济是党中央的重大决策部署，写进了《中共中央关于进一步全面深化改革推进中国式现代化的决定》。

　　正值全国各地大力推动低空经济发展、积极探索应用场景的时候，我第一时间看到了这部《低空经济及其应用场景》书稿，这是迄今为止我所见到的有关"低空经济与应用场景"的第一本图书。本书信息量很大，既有理论又有实践，既有科普知识又有操作案例，推荐给从事低空经济的工作者们。

　　本书作者黄正中是湖南省无人机行业协会会长，有多年无人机行业从业和行业协会工作经历，长期与低空产业一线的企业及从业者打交道，既对低空经济的发展有切身感受，又对低空经济的场景应用有深入调查研究。

　　在书中，正中会长大胆提出了一系列关于低空经济的新观点。例如："场景是低空经济的细胞或模块。"（第一章）"低空经济有它自身的发展规律。它所形成的条件既有客观性的，也有主观性的。客观条件大部分是前置的必要条件。"（第一章）"低空经济的主体是通用航空产业和无人机应用产业。其中，通用航空产业是低空经济的主导或龙头，是低空经济的引擎；无人机产业是低空经济的主题或主体。"（第一章）"低空保障产业是低空经济全产业链中的供给侧。它既决定低空产业的安全性，又决定经济发展的稳定性。有人说，服务体系的保障是低空经济全产业链中最短的那块板。"（第二章）

除了对低空经济的理论阐述，作者还用 15 章的篇幅分"低空交通、低空机器人、低空文体、低空服务"4 种类型场景，解析了 100 多个应用场景。从通用航空的支线飞机、直升机、三角翼、热气球、滑翔伞应用场景到无人机在各领域与各行业的场景开发，从无人机物流、植保、巡检、测绘、安防、环境检测到无人机空中造景、无人机科学研究、航拍及视频文创等等，所列举的场景触手可及，与生产生活联系紧密，接地气、有烟火气，实用性和普适性好。

书中提出的"无人机独立调查""低空飞行教育""低空文化建设"等应用场景新概念，是作者的独立思考，是对应用场景的创新拓展。

低空与土地、海洋一样，是国家宝贵的自然资源，低空经济是国民经济高质量发展的重大引擎。目前，我国铁路营业里程世界第一，民航运输航空规模世界第二，地面交通已十分发达，但低空交通却有所落后，这是建立现代化立体综合交通体系和积极发展低空经济的"短板"，这个"短板"我们一定能尽快地补上。

发展低空经济，应当"政产学研用金"相结合，在党中央的坚强领导下，形成以政府为主导、市场为导向，国企民企和社会公益力量参与，六大要素高度融合、协同发力的中国特色低空经济产业支撑体系。

期待《低空经济及其应用场景》一书，能够引出更多更好的关于低空经济及其应用场景研究的新成果。

应作者之邀，特为本书作序。

刘大响

2024 年 8 月于北京

序二

低空应用场景的有益探索

湖南省政府参事 罗建军
湖南省低空空域协同运行管理委员会办公室原主任

收到正中会长的书稿，颇为感慨。

我认识正中会长才三四年，尽管时间不长，他的工作履历却令我感叹：一是不容易。从石门乡下一步步走到了省城长沙。二是不简单。从一个乡村教师跨界到政府官员、编辑记者、社会组织负责人。三是不得了。每一段经历都结出了丰硕之果，留下了许多作品。

我与正中会长相识缘于通用航空。2019 年，我受命担纲全省全域低空空域管理改革试点拓展工作，与正中会长不期而遇。几次详聊，正中会长对通航事业、低空改革和低空经济的观点令我兴奋，给我的工作带来了许多启示和帮助。

初览《低空经济及其应用场景》，一种适逢其时、见之太晚之感油然而生。我省在改革实践中，苦于无资可鉴，无路可循，只能是广借各方智慧，摸着石头过河，历经千辛万苦才蹚出一条路子来。然此书为低空经济从业人员提供了从理论到实践的可参考、可拓展，甚至可复制的案例场景。

全书分两个部分。"低空经济"部分虽然篇幅不多，但有独立思考、有观点创新。"应用场景"部分列举的案例全面翔实，可操作性强。书中点睛之笔随处可见，比如："来自'县县有通用机场，乡乡有直升机起降点'的湖南模式启发：通用机场建设要与直升机起降点设定相呼应，与载人无人机起降点相连通。载人与非载人、城市与乡村，连点成片；直升机、轻型飞机、滑翔机与无人机，连机成网。"又如："低空经济与现代生产生活息息相关。低空经济呈现的主要形态是'应用场景'。应用场景是可视化的三维空间：有时间、地点、情景、任务目标以及变化过程。"这些都给实践者以灵感和启示。

当前，低空经济已经成为热点，在党中央的号召下，正如火如荼地席卷整个中国，也必将给社会生活带来翻天覆地的变化。这里，我诚恳地建议正中会长，在波澜壮阔的低空经济实践中，用你敏锐的思维，独特的视角，进一步深化认知，拓展视野，为低空经济从业人员带来更多具有真知灼见的著作。

序三

风起云涌的低空经济

杨金才

欧洲科学院院士、世界无人机大会主席、深圳市无人机行业协会会长

2010年，国务院、中央军委印发《关于深化我国低空空域管理改革的意见》。2021年，低空经济首次写入《国家综合立体交通网规划纲要》。2023年12月，中央经济工作会议把低空经济确定为战略性新兴产业，构筑产业体系新支柱，低空经济蓄势待发。

国际经验表明，作为低空经济主导产业的无人驾驶航空器及通用航空产业投入产出比为1:10、技术转移比为1:16、就业带动比为1:12。低空经济正逐渐成为扩大内需、促进就业、推动产业转型升级和国民经济发展的战略性新兴产业。它具有以下特点：一是立体性。从运行空间上讲，低空经济是将经济活动由地面向空中延伸、由"平面经济"向"立体经济"转变，与空地衔接较为紧密，是一种典型依托三维空间发展的经济形态。二是区域性。低空经济主要以小飞机、小航线、小企业等为依托，具有地域窄、规模小等特点，在对地区经济发展产生带动效应的同时，也受当地环境条件的影响和制约。三是融合性。

低空经济的核心是航空器与各类产业形态的融合，更多的是行业服务，体现为"行业＋航空"模式，为行业提供解决途径或辅助手段，以提升工作效率，降低成本，增强获得感等。例如"农林＋航空""电力＋航空""公安＋航空""救护＋航空""旅游＋航空""体育＋航空"等。此外，空域使用需要军民融合，飞行保障需要空地融合，有人机无人机需要融合运行等，也从不同侧面反映出低空经济的融合性特征。

四是广泛性。主要体现为"服务对象上的广泛性"。服务领域的广泛性，包括通用航空、警用、海关、部分军用航空等领域；运行主体的广泛性，既包括企事业单位，也包括政府部门、个人等；航空器种类的广泛性，包括固定翼、旋翼机、动力伞、三角翼、气球、飞艇以及各种无人机等；应用行业的广泛性，包括农林牧渔、制造、矿业、电力、交通、物流、环境、卫生、体育、娱乐、公共服务和管理等。

当前，低空经济正在成为推动经济增长的又一重要引擎。各地都相继发布低空空域管理规则，并颁布相关支持与鼓励政策，积极开展试点，启动试验项目，开展多元探索。全国大部分省份都制定了低空经济发展规划，大力建设低空经济产业园，在低空空域协同管理改革试点工作中，建立军民航和地方政府三方空域协同管理机构，形成"军地民"常态化协调工作机制，加快从"管制飞行"到"低空目视自主飞行"的转型。搭建低空协同运行管理、基础设施建设和通航飞行服务的"天网""地网"和"人网"，应用北斗、5G等新技术手段，完善低空监视和通信覆盖，建立空域一体化管理模式。

低空经济的发展离不开产业的有力支撑，无人机成为低空经济的主导产业。近年来，无人机在低空经济发展中的牵引和带动作用日益增强，"无人机产业化"和"产业无人化"会是未来低空经济发展的基本方向。下一步，规模化应用的无人机对有人机的替代程度将逐步加深，对各行业的渗透程度也会日益深广，因而对人们生产生活的支撑力度越来越大，主导作用越来越强。

统计显示，截至2023年底，全国注册通航企业690家，在册通用机场449个，运营航空器2900架，月均飞行11.4万小时。我国已有注册无人机超126万架，同比增长约32%。2023年，民用无人机累计飞行超2300万小时。民航局已批准建立民用无人驾驶航空试验区17个、试验基地3个，覆盖城市、海岛、支线物流、综合应用拓展等场景。到2030年，通用航空、无人机装备全面融入人民生产生活各领域，成为低空经济增长的强大推动力，形成万亿级市场规模。

欣闻湖南省无人机行业协会黄正中会长专著《低空经济及其应用场景》即将付梓，应邀撰文，以文代序，以表祝贺！

杨金才

2024年8月于深圳

序四

一本在应用场景中揭开低空经济神秘面纱的书

詹鸣
湖南省人大教育科学文化卫生委员会原副主任委员

今年5月初，黄正中先生约几位同乡好友在工作室品茶。闲聊间，正中先生扔出一个王炸消息：他正在写一本关于低空经济的书，力争在10月底出版，作为新中国成立75周年的献礼！我被他的野心与激情震惊了。相识多年，知道他是视频文创高手，也是无人机航拍飞手，但没想到竟是蛰伏多年的写手，还是文字创作的快手。更没想到的是，他非常正式而恳切地邀请我为书作序。基于乡情友情，我答应了。

低空经济是怎么一回事？低空经济应用场景又是怎么一回事？研究低空经济为何从应用场景切入？带着这几个问题，我看了样稿，颇受启发。谨以粗浅的读后感代序，但愿与作序体例不相违。

一本书应该有作者独树一帜的创新观点。低空经济是一个正在完善中的新概念，官方、专家和民间有许多种说法。以低空空域为首要资源，以城市与非城市场景应用为产业形态，以跨界融合为运行方式，开卷首页这几个与众不同的表述，让我眼前一亮。"低空经济是中国经济的一盘大棋，具有经济与战略的双重意义。"作者的这句话，在具象定义之后进行抽象归结，有一种无人机在云端用"上帝视角"看地上万物的味道，居高临下，一览无余。直觉告诉我，这本书肯定有内涵，有新质，有吸引力，有阅读价值。

一本书应该有作者独具匠心的观察视角。我看过一些低空经济的著作和文章，但把应用场景定位于低空经济的细胞并且进行系统分类与细化，这是本书作者研究低空经济的创新成果。将一个新概念多维延伸的无数新业态，通过"应用场景"进行归类，有序、明确而且简洁地勾勒出低空经济的基本轮廓，理论性与实用性相互交融，无缝连接，这是此书最有特色的切入点，也是此书最大的亮点。全书共18章，作者用15章的篇幅，逐一展开讲述了100多个具体应用场景。其中，有些场景是我在几年来无人机摄影实践中亲身感受的，如"航拍与视频文创"；有些场景是我在多年与教科文卫相关的工作中耳闻目睹的，如"无人机空中造景""低空飞行教育""低空文体活动"等；有些场景是我在时常应邀参加的省无人机行业协会及相关企业组织的活动中见识过的，如"低空交通""低空物流""低空植保""低空安防"等。这些场景在书中，直接由微观的经济活动上升到了宏观的经济形态，并且在逻辑上立得住，在现实中看得见，在实践中用得上，足见作者思维独特、视角独到和悟性独觉。低空经济的神秘面纱，就这样被作者在应用场景中揭开了。

一本书应该有作者独特的写作风格。专业的著作，很容易打上专业论文的烙印。不过，这本书的写作风格，颠覆了我的认知。"有着'云端文化'之美誉的低空文化，正展开双翼凌空而来，左翼通向未来科技创新，右翼联通现实生产与生活。"（第十六章）"航空运动的文化，凝聚着不同地域的民族文化与不同时期的艺术表达。这是文化的传承，也是文化的认同。不同的国度、不同的信仰、不同的技术与艺术融合在一起，在云端之上，在同一片天空，以竞技的方式，相互交流，彼此认同，各放异彩。"（第十七章）"航拍，让我们挣脱了大地的束缚，以自由之身腾入无人之境；翱翔于云端，那些曾被忽略的壮阔与渺小，芸芸万物，皆为美好！"（第十八章）一件枯燥乏味的事，在作者具有文化底蕴的笔下，变得这么生动有趣，这是兼具专业特长和文化涵养的作者才能展示的写作风格。不知正式出版的书是什么模样，目前样稿的这种风格是我欣赏的。

开卷有益，但要看读者开的什么卷，有的卷多开益善，有的卷少开甚至不开为佳。黄正中先生所著的《低空经济及其应用场景》这本书，值得开卷，值得深读。这是因为，低空经济的地理空间是有限的，而它的产业空间、创业空间和职业空间却是无限的。这本书对一些读者而言，说不定就是一本在低空经济领域创业、兴业、就业的"工具书"。

作为湖南省无人机行业协会的会长，正中先生能够在这么短的时间内写出一本有质量的行业专著，实在难能可贵，令人钦佩，可喜可贺。

詹鸣

2024 年 8 月

目 录

第十八章 应用场景——航拍及视频文创 / 305

第一章

低空与低空经济

湘江北辰三角洲航拍 图片来源：央狐网

人类与未来正相向而行。

未来空间、未来智能、未来制造、未来信息、未来产业。

仰望那片"云端上的蓝海"，改变世界的新技术、新材料、新信息以及重构生活的新空间、新主角、新场景，接踵而至。

低空经济，以低空空域为首要资源，以有人和无人驾驶航空器为主要工具，以城市与非城市应用场景为产业形态，跨界融合，凌空而来。

这场由新质生产力推动的低空经济不是渐进式演变，而是革命性的颠覆式重构。

◎ 第一节　低空与低空经济

一、低空的概念

低空，意思就是距离地面或水面较低的空间区域，专业的说法是"低空空域"。那么，距地多少为低空空域呢？通常指真高 100 米到 1000 米的空间范围，在某些特殊的场景下也可以延伸到 3000 米高度。"真高"是一个航空术语，指的是以飞机正下方的地点平面为基准的高度，也就是飞机距离其正下方地面的垂直高度。

二、低空经济的定义与基本特征

关于低空经济的定义，目前看到的版本有好几种。

列举两种。

——百度百科

低空经济是以各种有人驾驶和无人驾驶航空器的各类低空飞行活动为牵引，辐射带动相关领域融合发展的综合性经济形态。低空经济广泛体现于第一、第二、第三产业之中，在促进经济发展、加强社会保障、服务国防事业等方面发挥着日益重要的作用。

但是，它有两处明显的不足：一是定义上把低空经济认定为"各类低空飞行活动为牵引"，以偏概全，完整性缺失；二是表述上认为"低空经济是……经济形态"，以点概面，准确性不够。

低空经济是战略性新兴经济，这是 2023 年 12 月 12 日中央经济工作会议的明确表述。从低空制造、低空飞行到低空保障与低空服务，低空经济具有完整的生态架构与独立的供应链体系，而非经济的一种形态。

——中国政府网及国务院客户端

低空经济是以低空空域为依托，以通用航空产业为主导，涉及低空飞行、航空旅游、支线客运、通航服务、科研教育等众多行业的经济概念，是辐射带动效应强、产业链较长的综合经济形态。在拉动有效投资、创造消费需求、提升创新能级方面具有广阔空间。

这段话是不是官方给出的定义，不得而知，但体现了发展低空经济的国家意志，同时为我们提供了两个关键信息：

一个是"以低空空域为依托"。

一个是"以通用航空产业为主导"。

顺着这样的思路，我们来探讨低空经济与生俱来的属性。

第一，低空空域。空域是低空经济的必要资源，是低空经济第一生产要素。这是继土地、劳动力、资本、技术、数据"五要素"之后又一新晋成员。

第二，航空器。通俗讲法叫"飞机"，分有人驾驶和无人驾驶两种。低空经济是"翅膀上的经济"，飞行器是必备工具。

第三，应用场景。场景是产业的形态，也是低空经济所覆盖的领域和所应用的创新模式。低空经济是跨界的、融合的、可视的、立体的，所以它存在的主要形态是"场景"。场景支撑产业，产业形成经济。

场景是低空经济的细胞或模块。

综上所述，我们对低空经济做出这样的理解——

低空经济是以低空空域为首要资源，以有人和无人驾驶航空器为主要工具，以城市与非城市应用场景为产业形态，跨界融合的新兴经济。低空经济是中国经济的一盘大棋，具有经济与战略的双重意义。

低空经济的主体是通用航空产业和无人机应用产业。其中，通用航空产业是低空经济的主导或龙头，是低空经济的引擎；无人机产业是低空经济的主题或主体。从融合属性来看，有人与无人驾驶的低空飞行产业是低空经济的支撑产业。

低空经济的六个基本特征：

第一，智能化。低空经济的智能化体现在智能技术的应用上。首先，是自动识别与感知能力以及搭载 AI 人工智能后的"认知"能力，大幅提高运行效率和安全性；其次，是卓越的快速算力，通过构建"可计算空域"，对庞杂的数据和海量的信息进行快速处理并分析；最后，是智能化管理和数据信息采集与分析，为管理和决策提供精确而全面的数据支撑。

第二，场景化。低空经济与现代生产生活息息相关。低空经济呈现的主要形态是"应用场景"。应用场景是可视化的三维空间：有时间、地点、情景、任务目标以及变化过程。

第三，融合性。低空经济是一种"融合式"经济形态，并通过"融合"蝶变为一种新的经济形态。融合的方式，一是跨产业融合于第一、第二、第三产业之中；二是跨行业融合于通信、交通、农林、能源、科技、文化艺术等各领域。

第四，立体式。低空经济以低空空域为活动空间，有时间和空间的存在。应用场景由地面延伸到空中，经济形态由"平面"转向"立体"，呈现出三维空间的立体经济形态。

第五，高质量。低空经济的高质量体现为高效率、低成本、低风险、精细化、空中视角和全方位覆盖。

第六，革命性。低空经济兴起于全球第四次工业革命。低空空域是首要的生产资源，低空经济的生产要素也由"土地"发展到"空间"。它的革命性体现在，生产关系通过新质生产力重构，进而彻底改变人类的生产与生活方式。

低空飞行的支线飞机

◎ 第二节　低空经济的形成条件

低空经济有它自身的发展规律。它所形成的条件既有客观性的，也有主观性的。客观条件大部分是前置的必要条件。

来了解一些重要的前置条件——

第一是科学的空域资源分布。

空域资源分布是一个涉及多方面的复杂体系，要综合考虑到安全、效率、公平性等因素。轻型飞机、低空飞行器飞行航线，垂直起降载人无人机及临时申请空域航线；不同频次与不同高度的航空器航线分配、优化，需要科学的资源分布。

以续航时间或以通航里程设置分布的参数，需要前瞻性考量。放眼未来，做好空域资源顶层设计，科学分布空域资源，对于社会民众来说就是未来资源的重构。

第二是"连机成网"的通用航空机场。

低空经济背景下的通用航空机场规划建设，既要超前考虑，也要抓大放小。超前，是适度超前，与经济社会发展同行。以服务当地经济发展为机场建设旨要，以未来科技发展引领现代的"空中交通"需求。抓大放小，"大"是机场的主体建设及配套，"小"是直升机及垂直起降载人无人机 eVTOL 起降点。

来自"县县有通用机场，乡乡有直升机起降点"的湖南模式启发：通用机场建设要与直升机起降点设定相呼应，与载人无人机起降点相连通。载人与非载人、城市与乡村，连点成片；直升机、轻型飞机、滑翔

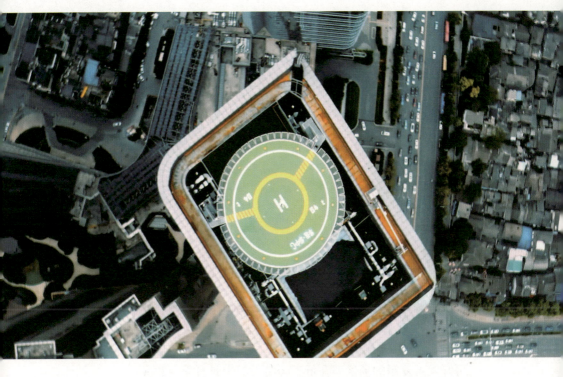

长沙连机成网的直升机起降点 图片来源：央狐网

机与无人机，连机成网。

以小见大，抓大放小，避免"因小失大"。

第三是空地一体的低空交通与物流起降点网格。

空中飞行与地面指挥系统实时监控，低空载人飞行器起降点与无人机机巢的网络化管理统筹为空地一体飞行管理。空中的飞行航线与地面起降点，点对线，线连线，交织成网。提前规划网格，做到空地一体，交织有序，是低空飞行的前置条件。

第四是合格的航空飞行员及载人飞行器操控员。

飞行员作为低空飞行的关键角色，也是低空产业的主要角色，其选拔和培训过程极为严格。同样，虽然载人无人机的自动化智能化程度高，但操控员也需要严格的准入考核。两种角色都需要一定的培养周期和实训时期。飞行员是一个综合素质要求非常高的职业，不仅要具备合格的身体素质和文化素养，也需要具备良好的心理素质、优秀的政治品质与道德修养。

第五是可开发可复制的应用场景。

场景是低空经济的模块，就像人的细胞一样，具有生长性和复制性，所以，场景的应用能产生经济效益和商业价值。

低空经济的应用场景是开放式的，也是海量的。在后面的章节里会分门别类列举其详，不在此赘述。

可开发可复制的场景，在低空经济发展中具有重要意义。

——技术创新和节约成本。通过可复制性，能够快速获取所需的技术，无须投入大量资源进行自主研发，少走弯路。

——提升市场份额和竞争力。由于可复制性场景能够快速响应市场需求，因而可以通过复制成功的应用场景和技术来增强自身的竞争力。

——增强创新能力。通过复制成功的应用场景，可以从中学习并开发出适合自己的应用方法，更好地满足不同需求。

——扩展商业模式。成功的商业模式是可以复制的。应用场景的复制不仅是形式上的模仿，更重要的是掌握了成功的精髓，形成核心竞争力。通过复制成功的商业模式，可以在不同的地区甚至国家开发场景，以场景开发带动品牌扩张。

以上列举的是低空经济形成的五个重要前置条件与必要条件。除此以外还有若干充分条件，例如低空扶持政策、低空文化建设、低空法律法规、低空服务保障体系和各类飞行器的研发、生产、推广，以及应用场景的开发等等。

◎ 第三节　低空经济与新质生产力

生产力是人们在生产过程中利用自然、改造自然的客观物质力量。

新质生产力是现代社会发展中的一个重要概念。数字化、网络化、智能化是它的主要特征，高效率、高质量、低成本、低风险是它的内在价值。

简单地理解，新质生产力是科技创新生产力，包含新技术、新领域、新模式、新产业、新文化。

低空经济是新质生产力推动的，当然是新质生产力的代表。

数据的采集与积累，技术的创新与更迭，认知的普及与深入，场景

的开发与应用，商业的价值与认同启示我们：低空经济有一定的技术门槛，发展低空经济要因地制宜，突出优势，体现价值。

低空经济的形成不能一蹴而就，需要反复地实践、反复地认知和反复地探索。低空经济是时代发展的必然，它没有天花板，不会停滞，更不可逆；它有现代科技的支撑，有广泛的群众基础，更有海量的应用需求。它的高效率、高质量、低成本、低风险以及实施过程中让人感受到的身心愉悦，前所未有。

◎ 第四节　低空经济的支撑产业

低空经济由低空制造产业、低空飞行产业、低空保障产业和低空服务产业四个支撑产业构成。

低空制造产业是低空经济的上游产业，核心领域是有人与无人驾驶航空器、航空器零部件与机载设备以及航空材料的研发、设计、制造等

载人无人机：空中的士　图片来源：央狐网

产业。

低空飞行产业是低空经济的中游产业，是低空经济的主体部分，包含载荷、低空产品、地面系统与应用场景。

低空保障产业与低空服务产业是低空经济的下游产业，是低空经济的延伸部分。

◎ 第五节　全球低空经济浪潮

从18世纪末开始，全球低空经济发展经历了早期"应用探索"和中期"规范化发展"两个阶段，21世纪进入"普及应用"阶段。仰望低空经济那片"云端上的蓝海"，世界各国正通过国家战略迅猛推动并加速布局，以引领城市"空中交通"革命。罗兰贝格研究机构预测，到2050年，全球低空经济市场规模将超过60万亿元人民币。

简单回顾一下——

18世纪末，热气球技术在法国巴黎试验成功后，热气球观光活动在法国迅速传播，可谓是低空经济的开端。

1980年，日本公司洋光（Yoichi Inoue）在农业领域使用遥控直升机进行农业作业。

2006年，英国石油公司（BP）首次使用无人机进行海上油田平台的监测，标志着无人机在工业领域的实际应用。

2016年，美国航空航天局（NASA）与美国联邦航空局（FAA）合作推进美国无人机交通管理系统（UTM）建设。同年FAA发布第107

号法规，规定了商业用途的小型无人机的运营规则。

2018 年，欧盟修订《第 2018/1139 号法规》，将欧盟管理权限扩展至所有的无人机。

2019 年，欧洲航空安全局发布了两部无人机通用条例，进一步规范欧洲无人机的标准和运行要求。

2020 年，FAA 发布了远程标识（Remote ID）法规，要求大多数无人机在飞行时能够广播身份和位置信息。

2021 年至 2023 年，包括英国、美国在内的多国试行空中出租车。亚马逊于美国部分地区使用 Prime Air 无人机送货。

从全球低空经济区域发展格局来看，美国因为通用航空发展的领先，奠定了其低空经济的先发优势。

在欧洲，通用航空一方面包括复杂的公务机和轻型喷气机执行运营，另一方面包括休闲滑翔机或气球飞行。在两者之间还有很多其他的活动，如航空作业、航空训练、航空体育或飞行表演。在低空经济方面，德国注重无人机技术研发，而英国则注重产业的应用。

◎ 第六节　我国低空经济的兴起

一、国家高度

2009 年 12 月 25 日，在"中国通用航空发展研究"课题的一次研讨会上，中国民航大学李卫民副教授首次提出"低空经济"这一概念。

2021 年 2 月 24 日，"低空经济"概念首次被写入国家规划。中共中央、国务院印发《国家综合立体交通网规划纲要》，提出发展交通运输平台经济、枢纽经济、通道经济、低空经济。

2023年12月12日，中央经济工作会议，新增"商业航天""低空经济"表述，并强调"打造生物制造、商业航天、低空经济等若干战略性新兴产业，开辟量子、生命科学等未来产业新赛道，广泛应用数智技术、绿色技术，加快传统产业转型升级"。

发展低空经济是党中央作出的重大决策部署。

二、地方力度

据不完全统计，中央经济工作会议后两个月之内，全国有27个省（区、市）直辖市、自治区将"低空经济"或相关内容写入2024年政府工作报告，"低空经济"成为2024年的年度热词。

先看看北京、上海、广州、深圳以及全国首批低空空域管理改革试点的四川、安徽、湖南等省在政府工作报告中是如何表述的：

北京——

加快发展新质生产力。实施制造业重点产业链高质量发展行动，提升产业链供应链韧性和安全水平。促进新能源、新材料、商业航天、低空经济等战略性新兴产业发展，开辟量子、生命科学、6G等未来产业新赛道。

上海——

培育提升新能源汽车、高端装备、先进材料、民用航空、空间信息等高端产业集群，加快打造未来产业先导区。推动工业互联网赋能制造业高质量发展，实施"智能机器人+"行动。

广州——

高质量建设北部增长极及临空经济示范区，推动低空经济产业园建设，强化航空制造、航空维修、通用航空等产业导入……创新推进南沙放宽市场准入与加强监管体制改革 15 项举措，参与制定并推动实施海陆空全空间无人体系技术标准，建设大湾区无人体系产业孵化基地，推动设立省级实体化运作的中国企业"走出去"综合服务中心。

深圳——

争创国家低空经济产业综合示范区，在低空空域管理、飞行规则标

准和适航审定等方面先行先试，新增无人机航线 80 条。

四川——

加快发展低空经济，支持有人机无人机、军用民用、国企民企一起上。

安徽——

加快合肥、芜湖低空经济产业高地建设，拓展低空产品和服务应用场景。积极开辟未来产业新赛道，启动建设未来产业先导区。

湖南——

用好全域低空空域管理改革成果，发展壮大低空经济。

长沙湘江橘子洲 摄影：石亮

三、媒体深度

围绕"低空经济"这个热词，媒体和专家有什么新的解读呢？来看一看：

2023年12月12日《环球时报》报道中央经济工作会议时说：中国的低空经济正准备起飞。

2024年1月8日《广州日报》报道广州两会时说：低空经济作为具有巨大潜能的新兴市场，能完美融合实体经济与数字经济，并引发各行各业及生产生活方式的深刻变革。

2024年1月10日光明网说：在我国，"低空经济"的发展大潮正滚滚而来、势不可当！同时还预测中国"低空经济"可以"飞"多高。粤港澳大湾区数字经济研究院（IDEA）近期发布的白皮书预测，到2025年，"低空经济"对中国国民经济的综合贡献值将高达5万亿元。

2024年1月12日《南方都市报》引述深圳两会时说：低空经济催生新业态，空中交通激发新活力。

2024年1月19日《人民日报》说：科技引领，促进低空经济腾飞。

2024年4月1日，央视《新闻联播》用15分钟报道低空经济及其应用场景……

业内人士展望：中国正在发生从"车轮上的中国"到"翅膀上的中国"的转变。

四、投融资热度

2020—2022年，我国低空经济行业投融资事件数量呈现逐年增长

飞越湘江的 eVTOL 图片来源：央狐网

趋势，2022 年投融资事件为 33 起，融资轮次主要分布于 A 轮与战略投资轮次。投资产品瞄准以飞行汽车为主的低空出行、低空载人飞行器、低空物流、应急医疗等综合应用、智能无人系统、无人机、精确制导武器及反无人系统。代表企业有沃飞长空、航天飞鸿、小鹏汇天等。

受国家大力发展低空经济政策支持，2024 年一季度，A 股与低空经济相关联的股票整体飙升，全线飘红。

中国工程院院士樊邦奎曾表示天空更加繁忙的一天，不可避免地将要来临。

◎ 第七节　低空经济的发展前景

低空经济属于国家战略性新兴产业，其广阔的发展前景源于科技的不断进步和应用场景的不断开发。可以肯定的是，无论是整个世界还是中国，海量的场景将得到开发应用。

看全球。

根据国际通用航空制造商协会（GAMA）的数据，2023 年全球通用飞机交付量达到了 3050 架，较 2022 年增长了 8.2％。这一数据表明，尽管面临供应链问题和全球监管机构的不确定性等挑战，但通用航空制造业仍展现出强劲的增长势头。

从无人机市场来看，全球消费级无人机市场及大型军用无人机市场发展日趋成熟。2022 年，全球军用、民用无人机市场规模达 2978 亿元，中国无人机市场占比为 49.1%。

来自前瞻产业研究院的资料分析：

截至 2023 年底，暂时没有机构披露全球低空经济整体市场规模，根据全球及中国通用航空及无人机两大低空经济主体产业市场发展情况来分析，并按中国占全球市场约 25% 的比率对全球低空经济行业市场规模进行测算：到 2026 年，我国低空经济市场规模为 1 万亿元。

看中国。

来自国务院新闻办举行的 2024 年一季度工业和信息化发展情况新闻发布会的消息：到 2023 年底，我国民用无人机研制企业已经超过 2300 家，量产的无人机产品超过 1000 款。2023 年，我国交付民用无人机超过 317 万架，通用航空制造业产值超过 510 亿元，同比增长近 60%。

来自《中国战略性新兴产业研究与发展：通用航空》（金伟、高远洋主编）的预测：到 2035 年，我国整体通用航空市场规模将达到 4595 亿至 9358 亿元，通用航空的市场规模将达到 3 万亿元。

中共中央、国务院发布的《国家综合立体交通网规划纲要》中明确，到 2035 年国家支撑经济发展的商用和工业级无人机预期达到 2600 万架，无人机驾驶员也将增长到 63 万名。到 2035 年，中央对国家低空经济的产业规模预期达 6 万多亿元。

◎ 第八节　低空经济的政策解读

一、国家政策法规

（一）2010 年 8 月，国务院、中央军委下发了《关于深化我国低空空域管理改革的意见》（国发〔2010〕25 号），正式拉开了我国低空空域管理改革的大幕。该意见旨在以确保国家空防安全和飞行安全为前提，探索和建立有利于促进通用航空发展的低空空域管理模式，盘活低空资源，促进低空经济发展。

自 2010 年以来，我国已经进行了三轮低空空域管理改革试点。第一轮试点突出了空域分类化管理，军航空管系统在试点地区将低空空域由原来的全部为管制空域改为管制、监视、报告三类空域。第二轮试点突出了空域精细化管理，在首轮军航低空空域分类管理试点的基础上，军航和民航空管系统同时发力，侧重于优化空域审批制度、动态灵活使用、建立低空空管服务保障示范等。第三轮试点突出了空域协同化管理，

航拍长沙摄影：石亮

将原低空空域由军民航分块管理转变为军地民三方协同管理，将低空飞行由管制指挥模式转变为目视自主飞行模式。

（二）《中华人民共和国空域管理条例（征求意见稿）》，于2023年11月2日由国家空中交通管理委员会办公室会同有关部门发布，并向社会公开征求意见。

空域管理条例（征求意见稿）旨在加强和规范空域资源管理，维护国家安全、公共安全和航空安全，促进经济社会发展和国防军队建设。而值得注意的是，该条例有四个方面的重要突破——

第一，非管制空域和报备飞行首次在国家法律层面出现；

第二，简化了飞行审批流程，将空域申请和计划审批两个环节合并成了一个；

第三，空域的分级分类更加精准，引入了国际通行的"倒置蛋糕"划设方法，能够更多释放空域资源；

第四，国际上普遍实施的目视自主飞行、目视与仪表混合运行概念也将得以体现。

（三）《无人驾驶航空器飞行管理暂行条例》（以下简称《条例》）已于2024年1月1日实施。该条例是我国无人驾驶航空器领域的首部专门行政法规，标志着无人机行业将进入规范化发展阶段。《条例》针对无人驾驶航空器的设计、生产、维修、组装等适航管理和质量管控，建立了产品识别码和所有者实名登记制度，明确了使用单位和操控人员的资质要求。同时，《条例》还严格规范了飞行活动管理，包括飞行管制空域和适飞空域的划分、飞行活动申请制度以及应急处置等方

植保无人机

面的管理。

　　据统计，我国无人机产业的年复合增长率约 13.8%，全国无人机企业已超过 1.5 万家，无人机注册用户超过 70 万个，无人机注册数已超过 100 万架，年飞行量约 2000 万小时。在无人机蓬勃发展的时代背景下，《条例》的出台不仅有利于推动无人机产业强劲增长，也有利于把握低空经济发展机遇。

　　《条例》从生产制造、登记注册、运行管理等全生命周期对无人机飞行活动进行了规范，为无人机"飞得起来、飞得顺畅、飞得便捷、飞得安全"提供了有力支撑与保障，同时为规范无人机产业发展、营造无人机应用生态提供了有力指导和良好环境。可以预测，在良好的发展环境下，未来"无人机+"将会赋能更多更广的行业领域，末端物流、城市治理、城市空中交通等新型低空应用场景将会大规模涌现。我国最终将形成广域互联、泛在感知、智能控制、精准监管、安全可靠的低空应用发展新格局，我国低空经济的腾飞指日可待。（本节有参考中国工程院院士陈志杰的《依法助推低空经济发展》）

二、低空经济政策解读

（一）国家政策

2024年3月27日，工业和信息化部、科学技术部、财政部、中国民用航空局联合印发的《通用航空装备创新应用实施方案（2024—2030年）》，标志着我国对低空经济的扶持力度将进一步加大。方案的主要目标是到2027年，我国通用航空装备供给能力、产业创新能力显著提升，现代化通用航空基础支撑体系基本建立。到2030年，通用航空装备全面融入生产生活各领域，成为低空经济增长的强大推动力，形成万亿级市场规模。

2024年4月20日，国家金融监督管理总局印发《关于推动绿色保险高质量发展的指导意见》，其中明确了围绕低空经济、多式联运、绿色配送等领域提供适配的保险保障方案。

根据《通用航空装备创新应用实施方案（2024—2030年）》，未来几年我国将在以下几个方面加强对通用航空装备的创新应用：

1.增强技术创新能力：加快关键核心技术突破，提高通用航空装备技术水平，增强产品竞争力和市场适应性。

2. 提升产业链供应链：加速产品系列化发展，推进机载、任务系统和配套设备标准化模块化发展，提升产品互换性和市场兼容性。

3. 显现示范应用效果：航空应急救援、物流配送实现规模化应用，城市空中交通实现商业运行，形成20个以上可复制、可推广的典型应用示范。

4. 构建基础支撑体系：建设现代化通用航空先进制造业集群，打造中国特色通用航空产业发展新模式。

（二）地方政策举例

低空经济成为国家战略性新兴产业发展的一个重要方向。多地政府积极响应国家政策，发布了多项支持低空经济发展的政策。这些政策不仅明确了对低空产业的支持态度，还提出了具体的实施措施，为低空经济的发展提供了有力的政策支持，推动低空经济的发展。

——苏州：2024年发布了《苏州市支持低空经济高质量发展的若干措施（试行）》，该措施围绕引进培育低空重点企业、鼓励低空科技创新引领、扩大低空飞行应用场景、优化低空经济发展环境等方面，提出了详细的实施举措。

——无锡：召开了低空经济高质量发展工作推进会，并发布了《无锡市低空经济高质量发展三年行动方案（2024—2026年）》，目标是在2026年使低空经济产业产值规模突破300亿元。

——湖南：湖南力争在产业链供应链竞争、产业科技创新能力创新、拓展应用场景、基础支撑体系建设、服务保障能力等五个方面实现突破。

省长毛伟明强调，要全力抓好低空经济发展的重点任务，努力打造国家低空经济发展示范省，力争到2025年，全省低空经济领域规模以上企业超20家，低空经济总产值达1600亿元左右。

——江西：共青城市率先发布了《共青城市低空经济产业三年行动计划（2024—2026年）》，出台了15条"真金白银"的政策推动低空经济发展，推进20项重点任务。同时还启动了共青城低空经济产业园无人机生产制造中心项目建设，按照"智库＋基金＋园区＋研究院＋中试基地"模式，致力于打造全国领先和具有样板效应的低空制造产业集群。

——安徽：出台《安徽省加快培育发展低空经济实施方案（2024—2027年）及若干措施》（以下简称《措施》）。《措施》为安徽低空经济发展绘制了"产业蓝图"：到2025年，低空经济规模力争达到600亿元，规模以上企业达到180家左右，其中，培育生态主导型企业1家至2家；到2027年，低空经济规模力争达到800亿元，规模以上企业力争达到240家左右，其中，生态主导型企业3家至5家。

有业内人士对《措施》做了简单明了的解读，就是说：

2023年，安徽低空经济规模突破了400亿元，通用飞机飞行近9700小时，无人机飞行144万小时。而未来三年，低空经济产值要翻倍。

——深圳：深圳是低空经济的潮头，一向重磅高举。为了保障深圳低空经济产业健康发展，打造未来经济发展重要增长极，推动深圳经济社会高质量发展，特别制定了《深圳经济特区低空经济产业促进条例》，自2024年2月1日起施行。这是国内首部有关"低空经济"的地方性法规，意义深远。

　　——山西：省长金湘军主持召开省政府第38次常务会议，研究设立低空经济和通用航空业发展基金等工作。会议同意设立山西省低空经济和通用航空业发展基金，聚焦国家通用航空业发展示范省建设目标，打造低空经济、通用航空等战略性新兴产业。

第二章

低空经济产业的基本形态

低空产业是翅膀上的产业，低空经济是飞起来的经济。

　　低空产业不仅是新质生产力的重要组成部分，也是新质生产力的标志性产业与标杆性赛道。

　　低空制造、低空飞行、低空保障、低空服务，构成低空经济的基本形态。

◎ 第一节　低空制造产业

低空制造产业的核心产品是航空器。核心创造是自动与自主，产业链包括研发、设计、制造等产业。

航空器的基本类型有固定翼飞机、直升机、旋翼机、混合翼机、热气球、滑翔机、无人艇、飞艇、垂直起降载人无人机以及飞行汽车等等。

在国际市场上，中国的低空制造业既面临着美国、欧洲各国等传统技术强国的领先压力，又面临着一些发展中国家"低空超飞"的竞争压力，例如巴西。

随着人工智能技术的不断进步与应用场景的不断拓展，低空制造产业也同步迅速发展。为了推动低空制造产业发展，我国政府出台了一系

中国自主研发的混合翼无人机 摄影：肖克

列政策。例如，工业和信息化部等四部门就联合印发了《通用航空装备创新应用实施方案（2024—2030年）》。

通用航空产业是低空经济的主导产业，在低空经济中起主导作用。通用航空以国家战略之主导地位身份，通过建设连片成网的通用机场（含载人无人机起降平台），对接全球低空产业融合创新发展大趋势。

放眼望去，早在1994年美国国会就通过了《通用航空振兴法案》，2013年总统奥巴马签署了《小型飞机振兴法案》，要求美国联邦航空局采用新的认证标准降低新飞机及产业链改造成本，刺激通用航空制造业的发展。

几乎同时，德国政府也出台了一系列政策支持通用航空制造业的发展，并以航空应急救援为突破口，在德国全境建立了60座救援站，带动航空制造产业发展。即便是发展中国家巴西，航空制造业也很发达。政府通过补贴、提供大量大订单、价格保护等全方位措施推动航空制造业发展。

全球低空制造业的两大阵容，正在深刻改变竞争格局。

一方面，发达国家通过技术创新和政策引导，试图保持其全球制造业的领先地位。

另一方面，发展中国家则通过低成本优势和市场扩张策略，努力争取更多市场份额。

融合创新，中国航空制造业迎来了新的发展机遇。

◎ 第二节　低空飞行产业

低空飞行产业是低空经济的主体产业，其价值通过空域规划、飞行机场（通用机场与无人机自动起降机巢）以及飞行场景应用体现。

低空飞行产业以场景为发展，场景以飞行为模块，模块以融合为特征。

例如"无人机＋植保"——

稻田或果园是场景，"喷洒农药"或"施肥"是模块，"无人机＋植保"是融合，等等。

无人机农业植保

无人机物流——联合飞机

　　低空飞行产业主体由通用航空产业和无人机产业构成。其产业的基本类别可以分为航空消费类、生产作业类、公共服务类三个大类。

　　航空消费市场包括航空运营企业和机队，通航运营业务包括短途运输、空中游览等。

　　生产作业以无人航空器应用生产为方向。各行业各领域跨界应用，如农林作业、应急救援、电力巡检、公共安防、地理测绘等等。

　　公共服务以无人航空器跨界服务生活为内容。如无人机物流配送、无人机编队表演、航拍摄影与摄像等等。

◎ 第三节　低空保障产业

低空保障产业是为空域安全和低空飞行提供服务保障的产业群。主要包括低空空域管控系统、通用机场、飞行营地、直升机起降点、飞行服务站、无人机飞行信息系统、无人机反制系统以及通信、导航、气象、油料、维修等相关产业。

就产业形态而言，低空保障产业体现在三个方面：

一、监管体系的保障。

安监体系是低空飞行的生命线，是保障产业的首要任务。严格的法规、标准的管理、适航的认证、飞行员的培训考核等，都是确保低空飞行安全的基础。

二、技术支持的保障。

技术保障是低空安全飞行与高效运营的基本体系架构。例如先进的导航技术、通信技术、遥感技术以及不断完善的飞行器智能化水准、应用领域的可行性测试方案等等。

三、服务体系的保障。

服务体系的保障，包括低空飞行服务保障平台建设，飞行计划的申报、审批、监控服务，飞行基础设施的建设服务。例如起降点、停机坪、维修中心、租赁中心、保养服务等等。

低空保障产业是低空经济全产业链中的供给侧。它既决定低空产业的安全性，又决定低空经济发展的稳定性。

有人说，服务体系的保障是低空经济全产业链中最短的那块板。

其重要性，不言自明。

◎ 第四节　低空服务产业

综合服务产业是指支持和辅助低空经济发展的各类地面服务性产业，主要包括相关航空会展、低空管理、教育、科研、文化、金融、租赁、保险、中介、咨询等产业。

低空服务产业横跨了低空飞行服务、低空经济服务、低空应用服务等第一、二、三产业，具有巨大市场潜力。伴随着低空经济的发展，低空服务产业也将成为具有广阔前景的新兴产业。

有人预测，到2035年，中国低空经济市场规模有望超过6万亿元。其中，低空服务产业将成为重要的支柱产业。

低空服务产业的形态如何？

第一，网格化。

网格化指的是空域规划及通用机场、eVTOL载人无人机垂直起降点、无人机机巢等是网格化管理。从空域管理的角度来看，网格化的实施是空域改革的成果；而从飞行器管理的角度来看，网格化是科学的规划与调度，是低空资源的科学开发与利用。

网格化是一项复杂而严谨的工作。它标志着低空经济步入有序发展和科学管理的轨道。

第二，智能化。

空域、飞行、保障及服务，都是以天空为资源、以智能为核心展开。

混合翼运输无人机

信息的采集与分析、起降停机坪的建设与运营、空域的分配与调度、飞行的监控与保障等等，低空服务产业将提供基于智能化的分布式服务。

第三，国际化。

全球低空经济的快速发展，必将迎来国际化的机遇，同时也面临国际化的挑战，非常需要国际化的合作与交流。通过不断引进国际先进技术，加强国际化合作与交流，从而快速提升低空服务的国际竞争力，并推动低空产业的国际化融合发展。

第四，时效性。

低空服务也称"低空飞行服务"。无论是空域审批还是航线管理，时间和空间的超前规划是低空服务的显性特点。

"想飞就飞"，说的是空域管理；"想飞即飞"，指的是即时服务。

低空经济特色与魅力，或许就在这里。

eVTOL 载人无人机　图片来源：央狐网

第五，集群式。

集群是一种快速发展的效应。

低空经济的集群发展，如何体现？

其一，产业集群。

依托于特定地理区域的优势资源和发展定位，形成产业集聚效应。例如，深圳市宝安区凭借其独特的地理位置、发达的制造业基础以及政策支持，形成了完整的低空经济产业链，包括无人机、飞行器制造、航

空电子、卫星导航、飞行器材料和小型测试场地、软件开发等领域。

有资料显示，全球每100台无人机有21台产自深圳宝安。

其二，应用集群。

应用集群取决于场景集群。某个知名网红打卡地就有能吸引全球的航拍创作者。以此类推，农林植保、环境监测、物流、安防及巡检，因为场景的集群形成低空应用企业的集群，因为企业的集群形成产业的集群。

其三，政策集群。

政策的集群体现在"纵向"与"横向"两个方面。

纵向是全产业政策支持，横向是全国各地政策同频密集。自2023年以来，中央到地方一盘棋，上下协同，纷纷出台空域开放政策、低空经济未来发展政策。

政策的力度与密度，前所未有。

第三章

类型场景的划分

国产翼龙-2无人机 摄影：肖克

时间、空间、任务和角色，是场景构成的基本元素。
场景是低空经济的细胞，是低空产业的应用模块。
以功能特点与工作场景相结合区分的场景叫类型
场景。

类型场景借用"类型电影"的分类方法，有利于
更好地理解复杂问题，以及对场景的可视化推演。

类型场景有共性规律与通用模式，可复制可推广。
低空经济的未来发展，取决于场景的应用开发。

◎ 第一节　类型场景新概念

"类型场景"是低空经济的新探索，是一个全新概念。

为什么要提出这个概念呢？

先让我们了解一下"场景"的含义。

在戏剧或电影等艺术作品中，特定的时间、地点和环境下发生的一系列动作或情节，叫场景。

时间、地点和人物是场景的三个核心要素。

在互联网及商业领域，场景的概念得以扩展，不仅指具体的环境或情境，还涵盖了使用情境、用户需求和用户体验。

在场景模型研究中，场景用以描述事件发生的环境、参与者、行为

无人机物流配送　图片来源：央狐网

大型货运无人机 摄影：石亮

和结果。场景模型研究是一门跨学科的学科，融合了计算机科学、认知心理学、社会学等多个学科的理论和方法。它通过构建场景模型，可以将复杂的现实世界问题转化为可视化模型，以便更好地分析和解决问题。场景模型不仅可以用于描述已经发生的事件，还可以用于预测未来发展的趋势和可能的结果。

时间、空间、任务、角色，是场景构成的四个基本元素。

随着社会的不断发展和科技的不断进步，低空经济面临着很多复杂问题，既有挑战也有机遇。传统的解决方法已经不能满足人们对低空场景的应用。因而，类型场景的研究十分必要，具有重要的实践价值。

一、有利于在理论研究过程中把握本质与内在关系，便于科学地进行顶层设计。

二、有利于技术应用的可视化推演，更直观地理解复杂问题，更准确更有效地提出解决方案。

三、有利于推动应用场景的分类开发与领域创新。

◎ 第二节　类型场景分类

基于场景应用和功能服务的特点，我们将低空场景划分为"低空交通、低空机器人、低空文体、低空服务"四种类型场景。

一、低空交通类型

其特点是既载人也载物，既能在陆地行驶又能在低空飞行。其场景包括——

1.低空交通：直升机、小型飞机等。

2.低空物流：直升机、支线飞机、运载无人机等。

3.低空救援：直升机、无人机、eVTOL、飞行汽车等。

飞行汽车——能够在空中飞行也能在陆地上行驶，像变形金刚，可以从一辆公路汽车变身为一架空中飞机。世界首辆飞行汽车于2009年3月初在美国实现了首飞，它降落后只需按一个按钮就可将机翼折叠，驶上高速公路。

二、低空机器人类型

由无人机扮演的"机器人"角色，开展低空作业，我们习惯叫它为"空中机器人"。其特点是"无人机＋场景"。

"无人机"为飞行器平台，"场景"为技术应用空间。

其场景包括——

1. 无人机植保

2. 无人机巡检

3. 无人机物流

4. 无人机测绘

5. 无人机安防

6. 无人机救援

7. 无人机环境监测

8. 无人机独立调查

三、低空文体类型

以低空文体分类，把低空教育、文化、艺术、科研、运动归纳在一起，既有利于促进技术的合作与交流，也有利于场景的开发与共享。

其场景包括——

1. 低空飞行教育

2. 低空文化建设

3. 无人机空中造景

4. 无人机科学研究

悬挂式滑翔机

5. 无人机运动与赛事

6. 无人机航拍与视频文创

"无人机空中造景"的通俗叫法是"无人机编队表演",通过数百架无人机在空中编队表演呈现美轮美奂的诗意场景。

"低空文化"是文化建设的全新领域,是低空经济的血液与灵魂,有"云端上的文化"之美誉。低空文化内涵丰富,形式多样,从业务形态划分,大体可以分为以下六大类:

1. 低空峰会:以低空经济为主题的博览会、高峰论坛等。

2. 场景博览:以应用场景为主题的现场分类演示活动。

3. 年度榜单:以年度为时限的分类排行及研究报告等。

4. 品牌故事:企业品牌、技术品牌、产品品牌故事展。

5. 版权交易:航拍视频图片版权、低空题材版权交易。

6. 云端赛事：面向国际展示低空经济的科技文化赛事。

"无人机科学研究"是无人机应用场景的全新领域。从了解无人机基础技术出发，放眼全球无人机科研态势，分析中国无人机的竞争优势，对无人机未来科技进行主题场景推演。

四、低空服务类型

低空服务类型角色明确，业态是"在地面为空间服务"，服务的重点内容是低空制造、低空飞行和低空保障，归类命名为"低空服务类型"。虽然它处于低空经济全产业链的下游，但贯穿了第一、二、三产业，具有鲜明的"融合"创新属性。

目前已成型的类型有如下六种：

空域申报：低空空域申报是一个全流程服务项目，涉及多个环节。

翼龙 -2 无人机人工增雨

流程上分准备阶段、申请阶段、审批阶段和报备阶段。

航空服务：航空服务是一个涉及多个方面的复杂行业，它不仅包括传统的航空运输服务，还包括差旅管理、物流服务等多种增值服务。

航空金融：航空金融是航空业与金融业联合发展的新兴产业，内涵丰富，专业要求高，包含融资策略、资本结构、风险管控等等，金融品种包括航空器材金融、航空物流金融、航空文化金融等等。

航空保险：包括两个大类。一类是航空运输险和人身意外险，一类是无人机类的机身财险、第三方责任险、飞手责任险、飞手意外险等。

低空经济战略咨询："航空咨询"的特定含义是"低空经济发展战略咨询"，服务内容包括战略规划、战略执行、业务模型、市场评估、品牌策略、资源分享、信息配置等等。

产品销售：航空服务的"产品销售"涵盖了多个方面，主要分为两

空中救护车

个大类。一类是通用航空飞机、航材、机载设备及通用航空配件的销售，而另一类则主要涉及民用航空器销售与租赁。中国生产的无人机销售占全球 70% 以上的市场份额，国内更是每年保持 15% 以上的增速。

关于应用场景的类型划分，网络上有一种按"社会结构"划分的类型，即"城市应用场景"和"非城市应用场景"，不妨也了解一下：

——城市应用场景。这里特指城市未来交通场景"空中交通"，如直升机、eVTOL 载人无人机，以及飞行汽车。其特点是载人出行、"想飞就飞"，但需按规定航线飞行，并接受严格的空域管理。

——非城市应用场景。除城市"空中交通"外的所有行业应用和场景创新应用，包括第一、二、三产业在内的全部应用场景。如航拍、物流、测绘、安防以及医疗救援、抢险救灾、气象探测、海洋监测、科学实验、教育培训、文化体育、服务咨询等。其特点因包罗万象而"没有特点"。

这样的类型划分是早期简单的区分方法，过于简单而不利于场景的开发与研究，也不利于产业发展与研究。

第四章

应用场景——空中交通

AI绘图：eVTOL载人无人机

什么是场景?

在汉语词语里,场景指戏剧与影视剧中的场面;英语单词是 scene,意思是场面、情景、景象和事件。

场景是产业的模块,应用场景是低空经济的细胞。

模块是可复制的架构,细胞是有生命的内在。

海量应用场景的汇集,构成低空经济的发展。

通用航空的光明未来并不是在遥远的未来,而是正在大步走进我们生活的当下。它呼啸而来,要降临到我们的楼顶、操坪,甚至于田间地头。

一日千里,未来已来。

◎ 第一节　通用航空与低空交通

通用航空一般指除军用及民用客货运航班以外的飞行业态。

通用航空是低空经济的主导产业，低空交通则是主题产业，二者是从属关系。因固定的飞行航线和任务，低空交通又称"空中交通"；因短途载人的方便快捷，又被称为"空中的士"。

在低空经济范畴里，通用航空指以下三种类型的航空器：

类型一：轻型喷气机、直升机等通用航空器。

轻型喷气机是一种小型、高效的飞行器，广泛应用于私人和商业领域。轻型喷气机一般拥有 5 至 10 个座位，航程在 1000 至 1500 公里。

直升机有多种类型。

按用途，分军用和民用两种。

长沙湘江北辰三角洲——飞芒航空

按重量，一般分为以下五种：

1. 小型直升机：最大起飞质量 2 吨以下的直升机。

2. 轻型直升机：最大起飞质量 2 吨至 4 吨的直升机。

3. 中型直升机：最大起飞质量 4 吨至 10 吨的直升机。

4. 大型直升机：最大起飞质量 10 吨至 20 吨的直升机。

5. 重型直升机：最大起飞质量大于 20 吨的直升机。

一般选用前三种，作为低空产业的大众实用机型。但出现重大的灾情需要应急救援人员与财产紧急转移时，大型直升机乃至重型直升机也要升空执行任务。

类型二：无人飞艇、滑翔机、热气球。

无人飞艇是一种无人驾驶的飞行器，它依靠艇囊内充以氦气或其他轻质气体来克服自重升空。无人飞艇具有天然的悬停能力、长时间滞空能力以及大载重能力等多项优势。

作为一种有效而经济实用的高科技空中飞行平台，无人飞艇在多个领域有着广泛的应用前景。如广告发布、航空摄影、交通巡逻、安全监控，乃至中继通信。

滑翔机是一种古老而又现代的航空器。就像它的名字，它无动力装置，依靠机翼产生升力进行滑翔和翱翔。在无风情况下，它向下滑翔，依靠自身重力的分量获得前进动力；而在上升气流中，滑翔机就像雄鹰展翅一样，平飞滑翔或升高翱翔。

古老的滑翔机延续到现代，它的特殊功能及价值体现在训练飞行、竞赛和表演上。

三角翼滑翔机

    热气球的最早实验可以追溯到18世纪初，由蒙哥尔费兄弟进行。它的工作原理是利用热空气比冷空气轻的特性，通过加热气球内部的空气来实现浮力，从而升空飞行。

    乘坐热气球已成为人们喜爱的一种航空体育运动。除运动特点之外，乘坐热气球旅游，不仅视角独特、节能环保，还常常被视为浪漫的象征。许多情侣和夫妻选择在热气球上度过难忘时光，尤其在日出或日落时分，那种温馨和浪漫的氛围更是无与伦比。

    形状上看上去，胖乎乎的热气球自带如意吉祥之感。但它也有一定的风险性，需要专业的操控。所以，作为一种航空运动，热气球以其独特的魅力吸引了越来越多的挑战者。

    类型三：飞行汽车、eVTOL载人无人机。

    飞行汽车和eVTOL载人无人机是近些年的新生产物，赶上了低空经济的国家战略发展窗口期，未来不可限量。

海岛上的 eVTOL 载人无人机

　　飞行汽车与载人无人机统称为电动垂直起降飞行器 eVTOL（electric Vertical Take Off and Landing）。eVTOL 是一种具有巨大潜力的新兴航空技术。

　　飞行汽车——一种能在空中飞行和在陆地上行驶的汽车。

　　eVTOL 载人无人机——一种新型航空器。它具有电动驱动技术和垂直起降的优势，能够在狭小的空间内垂直起降和飞行，适用于城市环境下的短途运输，如空中出租车、紧急救援和货物运输等。

　　飞行汽车和 eVTOL 其实是一个融合概念，甚至可以理解为同一概念航空器。eVTOL 技术是实现汽车低空飞行的关键技术。

　　飞行汽车正是基于 eVTOL 技术垂直起降并飞行的。

◎ 第二节 应用场景

通用航空的光明未来并不是在遥远的未来，而是正在大步走进我们的生产生活之中，降临到我们的楼顶、操坪，甚至于田间地头。

一日千里，真真切切，毋庸置疑。

美国通用航空的今天，就是我们的明天。这指的是我国通用航空的未来自信。

场景一：通用机场

通用机场是人流、物流、信息流的集散中心，是第一、二、三产业的辐射中心，是地方经济与社会发展的推动力量，还是低空经济的标志性场景。

机场建设是低空产业的前置条件。

随着低空空域的开放和政府的推动，我国通用航空机场建设加快发展。根据民航局下设通用机场信息平台的数据，截至2024年3月26日，全国在册（含已取证和备案）通用机场共452个，与2012年相比增长近十倍，数量已大大超过民用运输机场。

早在2020年，全国首批低空空域改革试点的湖南省就提出"通航飞行县县通""直升机起降点乡乡有"的普级惠民性发展思路，在全国各地已经形成共识。

场景二：短途通勤

短途通勤是为公务飞行、商务包机、私人飞行以及城际出行、低空

支线机场

旅游等提供的高效便捷的出行方式。这种城际之间、城乡之间、乡镇之间"即起即到"的飞行，被习惯地称为"空中的士"。主要的飞行器有直升机、飞行汽车以及 eVTOL 载人无人机。

场景三：飞行娱乐与航空运动

无人飞艇、滑翔机、热气球等为空中游览、空中跳伞、空中摄影等多元应用场景提供了丰富的空中旅行方式。在尽情享受飞行愉悦的同时，更极致体验现代科技的魅力。以娱乐和运动方式带动低空消费，很容易让参与者特别是年轻人产生共鸣。

场景四：飞行培训

通用航空的飞行培训，旨在培养合格的航空人才，包括飞行员、飞行工程师、航空管理人员等。《中国战略性新兴产业研究与发展：通用航空》一书认为：我国现有的飞行员培训资源严重不足，几乎成了通用航空产业发展的短板。

场景五：航空应用

航空应用涉及领域和行业众多。

——工业应用：场景包括航空摄影、遥感测绘、资源勘探、石油服务、电力巡线等。

——农业应用：通用航空在农业领域的应用可以提高生产效率，减轻人们的劳动强度，促进农业现代化。包括农作物病虫害防治、农林作物喷洒植物生长调节剂、航空护林、牧场及渔场作业等。

随着无人机技术的成熟，农业应用以"无人机+"为主体。

——林业应用：包括森林防火、空中巡查、森林资源调查等。通用航空器可以快速、准确地获取林区的实时信息，为林业管理和保护提供有力支持。

——渔业应用：包括海洋渔业资源调查、渔场作业、海上救援等。通用航空在渔业领域的应用可以扩大作业范围，提高作业效率，保障渔民的安全。

——医疗应急：包括空中急救、医疗救护、空中医疗服务等。其特殊优势是快速转运患者，赢得时间，抢救生命。

——灾害救援：通用航空是应急救援的主体。以直升机为主的飞行器，可以快速到达受灾现场，执行人员搜救、物资投送等任务。例如，

直升机海上营救

在森林火灾救援中，可以长时间、大范围进行人员搜索定位，并具备药品、食品、水、救生用具等应急物资投送能力。在森林火灾中，可以进行空中侦察、投送兵力、运送通信器材等实战任务，大大提升森林火灾扑救能力。

——交通管理：在城市及高速公路的应急救援中，直升机可以在30分钟以内到达现场。

——影视航拍：直升机还可以用于拍摄电影电视和广告，提供独特的空中视角。虽然无人机航拍异军突起，但直升机用于影视航拍的情况依然存在，例如：管制区域，国家庆祝大典、战争题材的大型场景航拍等。

◎ 第三节　应用场景的开发构想

以人为本，以人对精神的追求为导向，以年轻人为主体，彰显青春活力，开发既有娱乐性又有参与感的应用场景。跨界与文旅融合，开发热气球、无人飞艇等使人身心愉悦的场景；与航空运动融合，开发高山滑翔、高空跳伞等空中运动，展现青春的朝气、锐气。

突出通航飞行器在飞行高度、速度及距离上的优势，与"无人机＋"形成互补，差异化开发应用场景。一是突出跨区越支线客货运输、水上救援与森林防火、灾难应急、医疗救助、短程通勤等五大类型的应用优势。二是追补国内航空人才培养短板，按照国际通用标准培训合格飞行员。

面向全民普及，让通用航空从都市飞向乡村。按"县县有通用机场、乡乡有直升机起降点"的网格化发展思路，因地制宜地开发具有地方特色的应用场景。

例如——

建设通航小镇。以通航小镇为圆心向半径 100 公里范围或 30 分钟航程辐射，开辟乡镇医卫应急、灾害救援、物流运输等"即时空中通道"，打通服务乡镇振兴的最后一公里，打造特色小镇的示范升级版。

开发旅游观光游娱场景。在崇山峻岭间开设直升机观光、热气球及滑翔机游娱活动；在江海湖库区开辟环江、环湖、环（水）库、前海娱乐，感受"在水一方"的魅力，体验碧水蓝天的愉悦等。

——开展通航文化科普教育。科技是经济的动力，文化是经济的灵魂。通航文化由时空和情景构成，建设并推广低空经济文化，以通航科

轻弄飞机

普文化为主题，开发航空科技馆，以 5D 影像沉浸式开启一段航空飞行奇妙旅程：如飞越海洋、雪山、湖泊、原野、森林；感受狂风、暴雨、暴雪；等等。

通航文化科普的内涵非常丰富，其开发场景不断创新。

归纳起来有以下四种场景模式：

一是以"文旅＋教育""文旅＋科学"为内涵，集知识科普、公共教育、互动体验、主题餐厅于一体的融合式场景。

二是以"教育研学＋科技体验＋飞行探秘"为航空文化特色的主题式场景。

三是智能全动机场沙盘区、全息体验区、飞行模拟训练区、真机实体参观区等多种主题的沉浸式场景。

四是包括航空知识大讲堂、通航飞机静态展、空客 A320 航空应急逃生体验、探秘微观机场、VR 航空世界、飞行模拟体验、民航职业体验、纸飞机等在内的 12 大类系统化航空文化的研学式场景。

湘江之上的无人机 图片来源：央狐网

场景案例：全国首个基本成型的通航小镇——浙江建德

建德是浙江省的一个县级市，虽山川秀美，邻近千岛湖，但并没有地理优势。有特色的是建德有个新安江水库，水库中 1000 多个岛屿星罗棋布，水与岛相依，如今是著名的国家 5A 级旅游风景区。

建德航空小镇是浙江省"十三五"规划拟建设的十个航空小镇之一，规划面积 3.57 平方公里。它是全国通用机场中集航空休闲旅游、通航服务、通航制造于一体进行整体开发的第一个样板，也是全国第一个基本成型的通用航空特色小镇。

探寻建德航空小镇的成型之路，解析其应用场景，从初创期到成型期直到成功期，或许可以受到一些启发。

先看发展初期。

建德航空小镇在初期草创时,就瞄准了"通航＋文旅"这个类型场景。具体的场景开发有三个:

场景一:直升机＋观光。锁定以周边富集的旅游资源千岛湖为特色亮点,辐射周边文旅资源。

场景二:航空基地＋科普。面向青少年学生群体,每年接待的研学小学生多达上万人次,既能带动人气又有可观的低空经济效益。

场景三:航空＋主题乐园。彰显航空的娱乐性,以年轻人为主要群体。

以上三个应用场景构成了建德航空小镇的"底座",也是初期的"筑底"。在筑底的过程中,无论是"直升机＋观光"还是"航空基地＋科普""航空＋主题乐园"都充分融入娱乐功能,寓游于乐,寓教于乐。

"场景＋角色＋娱乐",使得建德航空小镇一开始就找到了航空小镇发展的正确模式。

建德航空小镇已是国内航空小镇的一面旗帜,并且还被贴上了通航产业发展"杭州密码"的标签,引领全国航空小镇向前发展。

看看进入成熟期的应用场景:

场景一:无人机＋物流。全国首批城市无人机物流配送航线。

场景二:无人机＋医卫。全国首条无人机应急血液配送专用航线。构建国内首个无人机医疗卫生服务共同体检测样本配送网络,开通运行航线 13 条。

场景三:无人机＋管理。开发运行城市级无人机运行管理服务平台,参与 3 项民航行业标准制定。

场景四：航空＋产学研。成立航空领域浙江省实验室，积极搭建航空产业发展中枢平台，打造科技引擎。

场景五：航空＋应急救援。开发低空情报服务中心和航空应急救援飞行服务中心。

场景六：航空服务＋气象。打造全省低空气象服务中心。

场景七：航空＋孵化中心。成功开展中国民航史上首次航空器起降远程指挥试验及400公里以上远距离航空器起降远程管制试验。

场景八：无人机＋商业。加快推进杭州市民用无人驾驶航空试验区建设，以城市场景为重点推动无人机规模化商业应用。

场景九：航空航天＋制造。提升国家级临空经济示范区、建德航空小镇、钱塘区航空航天"万亩千亿"新产业平台等重点产业平台能级和发展动能，顺利推进AG60野马飞机生产制造、华奕无人直升机整机制

建德航空小镇的直升机

造等通航制造项目。

不难看出，在建德航空小镇发展的两个阶段中，应用场景的开发走的是"先可视化娱乐化后理念化融合化，先聚结后补齐产业链，先单一聚焦后综合开发，先航天科教后低空应用"之路。

航空小镇的建设是一个综合系统工程，涉及的生产要素很多，生产关系也很复杂。但无论多么复杂，低空经济发展有其自身的规律，应用场景的开发也有其生成过程。在这个过程中，由时间、空间、任务和角色构成的场景开发，宜反复论证，成型一个推出一个，发展一个壮大一个。

建德航空产学研基地

第五章

应用场景——无人机救援

AI 制图：无人机火灾救援

救援事关重大，不言自明。

在救援过程中，时间是生死攸关的重要因素。

无人机救援，地空一体、人机协同，既快速响应又即时决策；既不惧烟雾、毒气之危险又机动精准，具有先天优势。

无人机救援是紧急救援的模式。

◎ 第一节　无人机救援的内涵与关键

一、无人机救援的内涵

提起无人机救援，一系列十万火急的场景便会自脑海里闪现：诸如空运血浆、高楼救火、水上投放救生用品等等。

作为一种新兴的救援手段，在提高救援效率，同时保障救援人员安全方面发挥重要作用的，当然是无人机的救援技术。

比如——

在没有通信信号的地方充当中继站；

在不明灾情的状况下采集信息，分析数据；

在处于复杂的地形地貌之时即刻测绘、绘制施救地图；

在不明生死的地带探测生命迹象，锁定施救点位；

在湍急的河流、冲天的火海里发现被困者；

更有山岳搜救、野外营救、海上营救……

无人机在应急救援中的应用，已然成为一个重要的研究领域。它不仅充当一个现场施救的角色，而且能在各种紧急情况下提供重要的支持，例如物品投递、中继通信、数据收集分析以及地形测绘等等。

适用于救援的无人机分为两种：

一种是载人无人机救援，如 eVTOL 载人无人机刚刚兴起，目前处于载人推广阶段，应用到救援场景尚需时日。但随着科技的进步，在不远的未来，载人无人机一定会发挥特殊作用。

一种是非载人无人机救援，包括固定翼、多旋翼和混合翼等。非载人无人机中有特定的救援无人机型，通过搭载多场景高新技术展开救援。

二、无人机救援的关键

无人机救援的关键，是它所搭载的新技术涉及多个领域。

首先是通信技术。通信技术确保无人机救援与地面指挥中心实时通信，实现现场音视频及其他数据信息的实时共享传输。

其次是传感器技术。无人机传感器可以搭载各种传感器和设备，例如高清摄像头、红外热像仪、紫外线相机等等，对目标进行探测和观测。

最后，还有不同的场景所对应的不同技术。例如跟踪探测、中继通信、物资抛投等，这些是无人机救援技术的共性优势。

无人机救援的平台开发是多种技术融合的搭建。

无人机医疗救援

随着 AI 人工智能技术的融入，无人机救援将发生质的飞跃。

时代与技术应用的必然，值得期待。

无人机侦察是救援中的关键。

这取决于它的专业性和技术性。无人机侦察是一种使用无人驾驶飞行器（即无人机）来收集情报的技术。其内容包括：收集图像、视频、声音和其他数据。在许多重要的应用场景中，如飞机失事点探测、高空火情排查、森林搜救路径图测绘等等，无人机侦察一马当先。

看下面震惊世界的新闻。

央视新闻报道，据伊朗媒体（2024 年）5 月 19 日报道，载有伊朗总统莱希和高级官员的一架直升机当天发生事故，在东阿塞拜疆省紧急降落。目前机上人员情况未明，搜救工作正全力开展。由于恶劣天气条件和复杂地形，搜救工作非常困难。多国政府 19 日表示，愿意协助伊朗搜救事故直升机，并提供一切必要帮助。伊拉克方面已指示其内政部、红新月会和其他相关机构向伊朗提供帮助，并协助搜寻直升机。阿塞拜疆总统阿利耶夫当天在社交媒体上表示，阿塞拜疆愿意协助伊朗搜救直升机，并随时准备提供任何需要的援助。

此外，沙特、黎巴嫩等国当天表示，正在密切关注直升机的搜寻进展，并为搜救行动提供任何必要帮助。欧盟委员会当天表示，在伊朗提出援助请求后，欧盟委员会启动了卫星测绘服务。

又据央视新闻报道，总台记者当地时间 20 日获悉，土耳其向伊朗派出的"游骑兵"无人机识别出热源，很可能是直升机发生事故的地点，

土耳其双发大型无人机

并向伊朗方面提供了确切坐标。伊朗官方通讯社公布热源坐标，该地区位于山林区域，距离一个名叫 Tavil 的村庄约 3 公里。

另外，央视新闻也报道，俄罗斯紧急情况部当地时间 20 日发布消息称，根据俄罗斯总统普京向紧急情况部部长库连科夫下达的命令，应伊朗方面请求，俄紧急情况部将派遣救援人员协助搜救搭载伊朗总统莱希的直升机。根据俄紧急情况部发布的消息，目前专业设备正在茹科夫斯基机场进行装载，由 47 名救援人员组成的队伍将携带必要设备和车辆以及一架 BO-105 型直升机前往伊朗。

这是一次典型的山岳国际联合大营救行动。不仅参与国家多，而且出动的救援航空器种类也多，有大型直升机、救援直升机，还有大型无人机，具有一定的借鉴意义。

解读上述这些新闻报道，不难看出伊朗总统乘坐的直升机发生事故后内在的救援逻辑——

第一，山岳救援，地空一体。多国空军直升机与地面人员对接，展开大规模救援行动。仅俄罗斯就派出了由 47 名救援人员组成的队伍，携带必要设备和车辆以及一架 BO-105 型直升机前往伊朗。

第二，人机协同，侦察领先。以土耳其"游骑兵"为代表的大型无人机对事发地点进行侦察，识别出热源并锁定坠落直升机距离一个名叫 Tavil 的村庄约 3 公里。

第三，智能识别，信息共享。土耳其向伊朗派出的"游骑兵"大型无人机识别出伊朗直升机发生事故的地点，并向伊朗提供了确切坐标。

◎ 第二节　无人机救援类型及其场景

无人机救援场景是对社会问题的深度思考，它以保障民众的生命与财产安全为旨要，在不断解决救援课题中形成有效场景。

无人机救援场景大体有三大类型：

第一类：山岳救援

无人机在山岳救援中优势非常明显。一是它以空中俯瞰视角，可以探测到人迹罕至的区域发现并搜救目标；二是借助配备的地面站，支持即刻与救援人员进行信息交互，将救援情报及时传输到地面指挥中心，以便正确决策；三是大幅降低救援人员风险与救援成本；四是在紧急特殊的情况下不受空域与通信限制，灵活机动。

山岳救援无人机平台可以搭载多种设备，如红外热成像仪、紫外线相机、喊话器和照明设备等。

第二类：水上救援

水上救援技术的场景应用，是为了提高救援效率和保障救援人员的安全。其基本内容包括：水上污染管理、水上搜索救援、水下勘察和救援物资空投。

技术层面，水上救援需要能够在水上（海上）进行救援的无人机。无人机不仅防水性要好，抗风性也要好。通常要根据不同场景搭载拥有不同功能的设备。功能上，无人机搭载高清相机和可见光传感器在水面上高速飞行，从而实现水上人员搜寻和救援的全方位、高精度监测。与此同时，无人机还需要搭载大型吊舱、降落伞等设备，以精准实施空投和运送救援物资。

水上滑翔机救援

第三类：夜间和极端天气救援

夜间与极端天气，是发挥无人机优势的场景。在夜间，无人机配备了热成像相机，不仅在黑夜或浓雾中突破光线的限制，而且可以不分昼夜地高效工作。即便是冻雨、暴风雪等极端天气，无人机也能飞行自如，实时提供现场的图像和其他数据。

相比传统的救援，无人机救援有许多独特的优势：

第一，无人机可以迅速而高效地勘察现场、分发救援物资和搜救被困人员；第二，无人机能快速响应在第一时间到达现场，其灵活性甚至超越直升机；第三，无人机救援技术创新使其能够在恶劣条件下如 在雷雨、暴雪、大风和灰尘中正常工作；第四，无人机的有效负载灵活性使得它可以根据具体情况选择最佳参数配置，从而不断拓展无人机救援的场景功能。

◎ 第三节　无人机救援的九个基本场景

场景一：山岳救援

无人机山岳救援是一个综合系统技术的场景应用，不单是飞上山顶空中俯瞰那么简单。无人机山岳救援需要专业的技术团队。团队人员可以是稳定的集中的，也可以是分散的组合的，但都必须是经过严格训练的、能够招之即来并协同配合的。

笔者采访调研了大量无人机救援机构，了解到山岳救援机构都有一些特定的训练科目。例如：

1. 搜救侦察：以空中视角，发现被困人员。

2. 快速建图：快速生成地图，打造电子化的指挥图。

3. 标注研判：以激光打点定位功能，将被困人员的坐标、人数信息同步提供给救援人员，标注研判。

4. 路线指引：将救援指引参考路径下发至手持终端，为救援人员提供具体的行动指南。

5. 登山搜救：以"无人机＋夜视相机＋热成像相机＋激光测距仪"等特定配置，用于夜间搜救。

6. 远距离搜救方案：以"无人机＋星光级相机＋双焦热成像相机＋激光测距仪"这种组合可以在更远的距离进行搜救。

7. 超视距侦察与全景多点漫游图制作：以无人机的超视距侦察功能，制作全景多点漫游图。

8. 宽窄带自组网、无人机定点抛投：利用宽窄带自组网和无人机定点抛投等技术手段，确保救援物资能够准确送达被困人员的所在位置。

9. 伤员处置转运：以医疗急救知识和技能，对伤员进行紧急处理和转运。

场景二：火灾救援

无人机火灾救援有三项技术应用。

第一项技术应用：担负"空中基站"任务。

较大的火情，例如森林、厂房、库区、楼盘（虹吸效应）发生重大

无人机火灾救援

火情，断电之后会引起通信中断。无人机可以担负起"空中基站"的中继任务，为救援提供稳定可靠的通信保障。

第二项技术应用：火灾监测与红外热成像。

无人机搭载的红外热成像功能，在火灾救援中帮助消防人员快速锁定温度最高点，搜索无明火区域的温度异常点，对危险源持续监控并及时预警，通过温度变化趋势评估救援效果。

第三项技术应用：高空灭火并救援。

无人机携带灭火弹、水、泡沫、干粉等灭火剂，轻松地到达地面消防人员难以到达的地方查找火源，高空高效灭火；同时携带救生索、呼吸面罩、食品、药品和救生衣等应急救援物资，帮助被困人员自救。

无人机在火灾救援中的应用已经越来越广泛。它以快速响应、高效率、低成本和高安全性等独特优势，逐步改变传统的火灾救援方式。

场景三：水上搜救

水上搜救的范围广阔，场景不仅复杂而且变化莫测——泥沙俱下的山洪、湍激的江河洪流、一望无涯的海洋等。水上搜救需要专业的技术与团队，无人机水上搜救还需要特定的场景开发，以及实战技术演练。

无人机水上搜救场景的重要内容，一是向求救者抛投救生设备，二是推动（或搭载）具有超强的浮力和拖载力且能够在水面上快速移动的水上机器人，将落水者安全地带到岸边。利用无人机的导航和遥控技术，使无人机和无人艇协同作业，十分重要。

无人机水上救援的空地协同、军民协同、人机协同、无人机与无人艇协同等，水上演练同样十分必要。

场景四：物资投递

水上救援的物资抛投与其他救援的物资抛投区别很大。

首先，抛投在水上救援中的应用是一种重要的救援手段，其中无人机搭载的抛投器的技术开发要求不同，它既要精准又要载重。其次，在漂移速度快及未知的场景下，要扩大抛投范围，需要无人机进行实时高空图片采集和视频监测，快速掌握救援的前线信息，智能预判目标的下一个位置。

无人机搜救喊话

场景五：搜救喊话

无人机空中喊话是一种新型技术手段，在维护社会治安、防控疫情、重大灾情人员疏散、保障交通安全等方面发挥了积极作用。

2024 年 3 月 11 日，《红星新闻》发表了一篇题为《春日花田，无人机空中喊话："张雨橙小朋友，你妈妈正在找你！"》的新闻。新闻所描述的场景是：

3 月 10 日的成都交子百业园，走失小孩的家长在成都市高新区分局巡警大队民警田茂凯身边排起了"小长队"。田茂凯一边安抚家长的情绪，一边在无人机遥控器上输入姓名，开始一键喊话……

田茂凯是高新公安巡警大队无人机小组的组长，上个周末他带领无人机小组的成员和两台警用无人机到交子百业园开展空中巡逻防控工作，没想到还发挥了更重要的作用。

"我在电台里听到有石羊派出所的同事让帮忙找小孩，我就想着我们的无人机飞行距离远、喇叭声音大，用来找小朋友应该效果不错，我就主动去问找小孩的家长，小孩叫什么名字。"田茂凯表示，高新公安配备的警用无人机不仅能广播喊话，还可以进行高倍变焦寻人，小孩走散的家长可以通过孩子的衣着特征在遥控屏幕上进行寻找。

"就是这个，就是这个，这个就是我的娃娃，她就在警察旁边的嘛，肯定听到喇叭了。"李女士对田茂凯说道。不一会儿石羊派出所的摩托车巡组警力就将孩子带到了李女士身边……

据统计，整个周末，依靠空地联动，巡警大队和石羊派出所累计帮助市民找到走散的小孩 8 名。

同样的场景，可以应用于高速公路堵塞、旅游景区人员走散等。

场景六：医疗急救

作为医疗救援应用中的一种新兴的技术手段，无人机不仅可以提高救援效率，降低风险，还可以在一些极端情况下提供救援服务。在具体的应用场景中，城市救援、灾区救援和野外救援是无人机救援的重点应用。

——城市医疗救援。应用于交通事故、火灾等突发事件的医疗救援，快速到达现场，为伤者提供及时的医疗救助。

《羊城晚报》报道：2022 年 1 月 6 日，"华南医院急诊科！在平湖街道某篮球场有人倒地昏迷，已没有呼吸，需要紧急救援。现在是出行早高峰，救护车抵达可能需要半小时，周边没有配备 AED，可否启用无人机携带智慧急救包进行施救？""华南医院急诊科收到，立即派出无人机和救护车前往！"

　　6 日上午，伴随着救护车紧急出动的鸣笛声，深圳大学附属华南医院广场上一架携带有智慧眼镜和 AED 等急救设备的无人机腾空而起，短短 10 分钟，无人机便抵达了呼救的指定位置。施救路人迅速取下急救包，佩戴上智慧眼镜，通过与华南医院急救指挥中心的实时可视化通信，在急诊科医生的指引下，成功对患者实施了心肺复苏，并操作 AED 进行了抢救。随后到来的救护车，将昏迷的患者运送到医院进行下一步救治。

城市医疗救援——杭州迅蚁

杭州亚运会期间迅蚁无人机医疗救援场景

　　据介绍，此次是深圳大学华南医院在全国范围内率先开展无人机应急智慧救援模拟试验。试验利用无人机不受道路交通条件影响进行高速飞行的优势，结合智慧眼镜的现场感知平台，力求实现第一时间内让需要抢救的患者获得专业医生远程现场评估和指挥施救，达到无人机"先期到达，先期诊治"的目的，为心跳骤停患者的抢救赢得了时间并提高了效率。

　　——灾区医疗救援。穿越复杂地形和道路，为灾区人民运送医疗物资和救援人员，提高救援效率。

　　——野外医疗救援。在野外探险、户外运动等活动中，为遇到意外的人员提供及时的医疗救助和物资补给。

随着应用场景的不断开发，无人机在医疗急救中的作用越来越大。长沙开启了无人机为湘雅医院运送血浆专线，相比专车运送血浆节省三分之二的时间，成本还不到专车运送的十分之一。在杭州亚运会期间，杭州余杭区政府首次让无人机物流的三家公司合作进行空中核算样本转运网络的构建。在疫情期间，通过无人机承载高清摄像头，将患者的病情通过图像实时传输给远在千里之外的专家诊断。

场景七：空心村探测

无人机通过雷达探测技术对空心村进行扫描，探测到可能存在的人群和物体，探测空心村中的生命迹象。通过无人机获取的高分影像，对

空心村探测

空心村的建筑物信息进行快速获取和分析，不仅能及时发现空心村的问题并定位问题隐患，还能准确掌握空心村的人迹状况。

场景八：辅助救援

无人机辅助救援指为救援创造新的途径，开辟救生通道。无人机以辅助抛绳或携带关键器材，为水上、山岳等复杂地形的救援开辟新的通道。无人机辅助救援给现代救援工作带来了革命性的变化，但相应也会有些风险，这是无人机救援的新课题。

场景九：AI 夜视救援

AI 夜视是一项新技术应用，它使无人机实现了在极弱光环境下正常成像，探测救援的目标。AI 夜视救援是消防应急、公共安防救援的必备技术。

◎ 第四节　无人机救援的课题创新

无人机救援是以生命财产安全为导向的应用场景，所付出的代价不以商业价值而论。从这个意义上来讲，无人机救援的背后是一个政党、一种体制下的民生观与发展观。

随着低空经济时代的到来，无人机救援多元化力量正在形成。一方面大幅减轻了政府主导的压力，一方面出现了救援市场化后的一系列新课题。

一、政府主导与社会协同的资源配置

政府作为权力机构，在无人机救援宏观调控上具有政策制定和资源配置的职责，同时又负有引导和推动的责任。毫无疑问，在一些重大的救援场景中，政府调度的救援力量起主力和主导作用，但是也少不了社会力量的参与。要想形成无人机救援的长效机制，就需要配置好资源，包括救援场景和救援物资。

配置救援资源不只是一个敏感话题，更是一项经得起历史检验的工作。如疫情（灾难）期间的医护人员派遣、药品分发、伤病员转运等等。

还有一个问题：救援队伍的专业性如何鉴定？

海上搜救

二、军地协同与人机协同的深度融合

军地协同的重点是空域管理与调度。军队救援的航空器与地方救援的无人机在同一片天空执行任务，如何实时协同？灾情发生并不会有灾前的"预发生"。尽管有分级预警，但出现在我们眼前的永远不会是"彩排"似的天灾人祸。

在航空救援中，直升机救援是不可替代的。特别是在山火扑救、伤病员转运、救灾物资投放方面，它是起主导作用的。

直升机救援是载人救援，一般情况下以军队为主体，军人勇猛顽强，不怕牺牲，但是技术上受地形和气候影响较大。而无人机则是通过先进的现代科技手段去救援的，代替人甚至超越人。无人机救援虽机动性好，风险小，但受到续航、载重以及暴风雨等的制约。两者互补并协同，非常重要。

军地协同与人机协同的深度融合需要政府进行低空协同。

如何进行协同？又如何深度融合？这是一个涉及政策支持、资源分配、技术创新等一系列深度融合的新课题。

三、技术革命与传统作业的对立统一

无人机救援是一场技术革命，必然会冲击到传统模式。

例如血浆运输这件事。

在调查中我们了解到，一般的省会大型医院会有一支 10 台至 20 台的医疗物资运输车队，配备约 20 名工作人员。一年下来，包括人员

无人机人工增雨

工资在内预算经费最低是 200 万元。通过无人机自动起降分级运输，费用至少节省一半。更重要的是，血浆的运输时间只有机动车辆的三分之一。

赢得的三分之二的时间是什么？不言自明。

这就是技术革命对传统作业造成的冲击。科技的进步是新质生产力的重新分配，迭代是必然的。但是，在迭代的过程中，如何将对立的因素转化为统一的力量？

四、专业训练与应用场景的同步发展

市场专业化与低空产业化发展又是一对颠覆性问题。

问题的关键在于，在没有灾情出现的空档期，谁来组织救援训练？经费从何而来？

以山岳救援为例，一支训练有素的山岳救援队需要基本成员 50 人，每年按 30 天集结进行科目训练，按每人每天 300 元补贴，一个月需要 450000 元补贴费用。另外还有场景费、器材费、交通运输费等等。粗略地估算，全年最低需要 70 万元才能正常维运。

没有训练有素的队伍，做不到常态化训练应用场景同步发展，无人机救援就只是停在纸上的命题。

场景案例：来自洞庭湖团洲垸的救援报告

哺育湖南、调蓄长江、牵动中国的国内第二大淡水湖洞庭湖，总面

团洲垸溃口最宽曾达 226 米

无人机高效巡堤

积为 2740 平方公里，湖盆周长为 803.2 公里，以独具的政治意义、经济意义、科研意义、生态意义以及特殊战略意义、地理位置和文旅价值，洞庭湖生态经济区被确立为"中部崛起"的战略支点。

2018 年 4 月 25 日，习近平总书记考察被誉为洞庭湖及长江流域水情"晴雨表"的城陵矶水文站，勉励大家继续做好长江保护和修复工作，守护好一江碧水。

2024 年 7 月 5 日 16 时许，华容县团洲垸洞庭湖一线堤防发生管涌险情，紧急封堵失败，堤坝溃决，溃口最宽曾达 226 米。

国家防总办公室和应急管理部持续调度会商，并跟踪了解抢险处置进展和力量物资装备需求，调派了国家综合性消防救援队伍 800 余人、146 辆车、82 艘舟艇紧急增援。同时，中国安能长沙基地的救援人员也抵达现场，他们携带 30 台（套）装备执行封堵任务。

此外，紧急转移群众 5755 名，调动推土机、装载机、振动碾等装备 20 台，决口封堵填埋物料约 10 万方。共调集 1000 余台抽水机，24 小时昼夜不停排涝。

与此同时——

应急管理部国家自然灾害防治研究院用无人机巡堤，搭载热红外相机和激光雷达，及时发现、确认并排除大堤上存在的两处管涌。

无人机巡堤排查管涌技术早已成熟。

如果——

在洞庭湖水暴涨之前，采用无人机智能巡堤，早发现早排除，团洲垸堤坝是否可免于溃决？

推而广之——

洞庭湖环湖都可以采用无人机常规巡堤，防患于未然。

以此推演——

河湖、库区、堤垸，泥石流易发的山体，易塌陷的高速路段、隧道，等等，均可推行无人机常规巡检。

居安思危，防微杜渐，善莫大焉！

第六章

应用场景——无人机物流

大混合翼无人机物流

2018 年 9 月，世界海关组织协调制度委员会（HSC）第 62 次会议决定，将无人机归类为"会飞的照相机"。

无人机不只是"会飞的照相机"，还是"会飞的电脑、会飞的农林植保员、会飞的测绘师、会飞的巡检员、会飞的城管队、会飞的安防员、会飞的警察、会飞的快递哥、会飞的舞蹈家、会飞的汽车……"。

所以，无人机被誉为"空中机器人"。

◎ 第一节 基本内涵

如果说低空经济是新质生产力的典型代表，那么无人机物流就是低空产业的典型应用场景。说它典型，是因为无人机物流需要具备低空经济所特有的四大要素，即空域审批（航线）、载重航空飞行器、地面交互平台、配送的产品。

起初，无人机物流只是要解决"人送不到"的问题，如偏远、高危及特殊的环境。随着物流无人机的出现，无人机物流被赋予了更新的内涵和更广的空间，不仅成了未来物流的方向，还是物流行业战略级竞争热点及投资风口。

◎ 第二节 无人机物流的应用场景

场景一：无人机运输（支线运输）

无人机支线运输是一种新兴的物流运输方式。

无人机支线运输一般用大型固定翼，飞行高度在100至3000米之间。高原、湖海、峡谷，人群密集区或人烟稀少区都可以成为它的应用场景。因其载重可达到数吨，因此在运输产品上也有更多的选择。

无人机支线运输具有效率高、成本低、距离短等优势，支线运输与航空物流相结合，优势更加明显。有测试数据表明，航空物流＋支线运输，可以节省至少30%的综合成本。

大型支线物流无人机——飞芒航空

我国的物流行业处于快速成长期。随着空域、技术、场景等诸多因素的不断优化，无人机支线运输将引领全球物流产业。

2024年4月28日，由中国航空工业集团自主研制的翼龙-2无人机成功实现中国大型固定翼无人机货运物流首次飞行试验。当日翼龙-2无人机从自贡兰田机场起飞，飞至乐山目标任务区，完成了跨空域支线物流飞行试验任务。

场景二：无人机快递（末端配送）

无人机快递通常被视为一种末端配送，有人群的地方都是它的配送端口。它能降低物流成本、提高物流效率、缓解交通拥堵和减少环境污染，被认为是未来快递的必然趋势。顺丰、京东、美团等国内大型物流企业都在加快无人机快递的配送布局。

无人机末端配送——智航飞购

　　无人机配送不仅缩短了快件投递的时间，大幅提高配送效率，更重要的是提高了快递服务的质量。

　　无人机配送行业是全球最具发展潜力的新兴行业之一。

　　网络资料显示：预计到 2026 年，全球无人机配送市场规模将超过 200 亿美元。目前全球许多国家在推动无人机配送行业的发展。特别是在中国和美国，已经出现了一批专业的无人机配送公司，如顺丰、京东、UPS 和亚马逊等。

场景三：应急物流

　　无人机救援是一个独立的场景，前一章节已述其详。

在灾难或其他紧急情况下，使用无人机进行配送可以快速将救援物资送达目的地，例如药品、食品、消防器材、水等等。

无人机应急物流是应用救援的一个环节或嵌入模块。

场景四：无人机仓储管理（盘点）

无人机仓储管理是一个综合性系统，这个系统依托仓储确保盘点的准确性。

仓储的类型很多，有些仓储的结构比较复杂，如立体仓储少的几层，多的几十层；有的很危险，如危险品仓储等等。智能仓储是未来仓储的发展趋势。

常见的应用场景（仓库）有采购供应仓库、批发仓库、零售仓库、中转仓库、加工仓库、保税仓库、储备仓库等等。

无人机仓储盘点，正是在智能仓储广泛普及的发展背景下应运而生，不仅大幅减轻人的劳动强度，节省人力资源管理成本，而且可以大幅提高盘点的准确率，大幅提高工作效率。

无人机仓储盘点具有广阔前景，其应用场景将不断开发。

无人机仓储盘点的工作原理：通过智能可视化技术、射频识别技术、人工智能技术等技术手段，在黑暗的高架库环境中进行自动巡航，实时采集和传输货物、仓库环境、堆垛机运行情况等相关图像信息，实现全生命周期的无人机仓储管理。

无人机仓储盘点不仅能够用于库存盘点，还能够用于库存监控、环境参数监测等多种任务。通过自主飞行和计算机视觉技术，实时监控仓库中的库存数据，并更新表格数据提供给仓库经理。

无人机仓储盘点三大优势：

1. 效率高。一台无人机的工作效率是人工的 10 倍。

2. 机动好。无人机在 20 米高的货架进行清点时，仍能保持和地面相同的扫描效率，超过人类的效率。

3. 精度高。无人机仓储盘点的高精度取决于它的两个系统：

一个是无人机系统，另外一个是部署在服务器上的信息管理控制系统。信息管理控制系统实时接收图像信息，并实时处理，同时还能盘点管理立体高架库的货品信息，检查货物堆放情况，检测环境是否存在异常情况，监测堆垛机工作情况。

无人机仓储盘点工作是一边清点数量，一边监测仓储环境。这一复

无人机仓储盘点

合功能特别适用于储备仓库。

场景五：无人机接驳柜

无人机接驳柜又称"机巢"，是典型的物流配送应用场景，也是近年来兴起的一种城市低空配送的解决方案。

它和通航机场建设一样，是无人机配送的前置条件。

无人机接驳柜是在原丰巢快递柜的基础上迭代而来的物流商业模式。它通过无人机与地面接驳柜的协同工作，实现高效调配及货物的快速分发，有效利用闲置低空资源。

从纯粹无人机应用场景角度来看，无人机接驳柜的研发与生产是一个独立的应用场景。

技术上，无人机接驳柜集成了无人机对接校正系统、自动分拣系统、云端控制系统等多项关键技术，能够实现无人机在飞行途中的自动识别、精准降落和取放货物，从而实现自动化的货物传递。

场景上，无人机接驳柜的应用场景将不断拓展，不局限于现有的医院、快递末端接驳等场景。

未来，无人机接驳在低空经济中将扮演极其重要的角色。

无人机接驳柜的优势：

一是不受时间限制。24小时自动起降，不间断服务。

二是节约资源。减轻地面交通负担，极大缩短道路运输时间，提升物流配送效率和用户体验。

三是应用场景广泛。不仅适用于高校、园区、小区等日常生活场景，

无人机接驳柜

还可以应用于农业、环保、安防等领域，为各行各业提供高效物流配送服务。

四是智能化程度高。依托精准的降落系统，配备下视毫米波避障雷达，具备下视双目智能避障功能，能够在严苛的气象条件下正常运行，能抵御七级大风，并能在大雨中进行远距离操作，安全运营。

◎ 第三节　无人机"单控式"短距离物流

这里的"单控式"指一个人操控无人机的模式，即起即降；"短距离"是一个相对模糊的概念，一般情况下是直线距离 1000 米以内、真高 100 米以内超低空域，即送即达；载重 200 公斤以内的货物吊运。因为是短距离超低空单人控制，不需要固定的航线规划，故称"单控式"

短距离物流。

单人操控，因地制宜，超低可视，是无人机"单控式"短距离物流的特征。

这种"单控式"短距离物流主要在农（渔）村、旅游景区应用。房前屋后、田间地头等户外场地及野外，都是它的开发场景。

"单控式"短距离物流的场景示例——

场景一：从山上到山下。山上采摘的板栗、黄桃、茶叶、茶籽运到山下，鲜果甚至可以打好包，直接运上快递车，几个小时后就可以出现

无人机短距离吊运柑橘

在消费者面前。

场景二：从果园里到车里。果园里的香蕉、苹果、橘子、葡萄、柚子、大枣、芒果、火龙果等，即时采摘即时用无人机吊运至运输的集装箱或集市。

场景三：从水里到岸边。捕捞养殖的鱼、虾、蟹、贝、藻类等水产品，从船上、水里吊运到岸上的冷链集装箱。

场景四：从屋后到屋前。乡村房屋修建，砖瓦沙石的短途转运，从屋后到屋前。一台无人机吊运，效率相当于8—10个劳动力肩挑背负。

场景五：从这头到那头。桥梁架设、沟渠整改、道路翻修、林苗种植，

中电金骏无人机物流运输，被誉为"云端上的挑山工"

112

中电金骏短距离物流张家界下山线垃圾运送

从地头到田间、从村尾到村头等等。跨河、过沟、翻坡、过田，1000米以内超低空转运物资，省时省力省钱。笔者实地调查得知，之前用车拉和人力装卸一天，3000—4000元的工活，现在一台无人机三四个小时即可完成，费用一般在2000元左右。费用至少节省1/3，时间节省70%以上。

场景六：从山脚到山顶。有些景点从山脚需要乘坐一级或多级索道才能上到山顶。一方面，山顶搭建了营地帐篷，游客可享受星空和自然风，也有攀岩、滑翔伞、野餐以及云海摄影等项目，引人入胜；而另一方面，在山顶，即便是最基本的生活品如方便面和水也都是稀缺物。无人机的点对点配送将成为最佳选择，既解即时之需又添浪漫情趣。

2024年6月，湖南中电金骏在张家界天门山景区无人机物流运输航线完成短距离物流首飞。航线分为上山线和下山线两条，上山进行物资运输，下山进行垃圾运输。

无人机"单控式"短距离物流的应用场景已经蓬勃兴起。大江南北，因地因时，奇招妙招，层出不穷。

◎ 第四节　短距离物流在乡村振兴中的特殊作用

乡村振兴的首要任务是确保重要农产品特别是粮食供给，中心任务是增加农民收入。短距离物流之所以能够在乡村振兴中发挥极其特殊的作用，关键是为"增加农民收入"发挥了"既降低生产成本又提高生产效率"的特殊作用。

农村地区交通不便、地形复杂、劳动力缺乏、成本较高，农忙季节还往往出现劳动力"一工（匠）难求"的情况。

我们常常看到这样的情景：深秋，挂在树上的果子无人采、烂在果园里的柑橘无人收、长在地里的瓜果无人摘。其实，不是没人摘而是没人运，因为人少工钱贵，赶不上趟。无人机短距离物流不仅能有效地化解这个难题，而且及时高效低成本，户户共享无死角。

不仅如此，更深层次的意义还在于——

这一次新质生产力的无差别重新分配，是对以往劳动力和资本造成的贫富差别进行的颠覆式革命，脱贫攻尖的成果得以巩固与发展。

与此同时，短距离物流的特殊作用还有如下几个方面——

第一，不拘一格的应用场景，惠及村村寨寨。

产业升级。短距离物流可以灵活机动地在复杂甚至恶劣的条件下完成工作，全方位为村寨提供全新的运输，将新鲜的农产品快速送达消费

无人机吊运太阳能板

者手中，使农村居民能够享受到更加便捷、高效的物流服务，提升农产品商业价值，增值增收。

第二，催生农村新服务业态，加速农业现代化进程。

随着新农村建设的日趋完善，乡村旅游资源的综合开发，无人机短距离物流代表新技术生产力能够提供及时高效服务，从而形成新的服务产业链。如为游客提供空中导览、礼物投递、随行物资运送，为引资企业、外来客户提供物资运输等。无人机短距离物流，以科技服务场景应用，催生新服务业态，在加速农业现代化进程中发挥重要的作用。

第三，响应及时的应急服务，增强基层政权的凝聚力。

在农村地区，无人机短距离物流还可以提供应急服务。例如发生疫情、火情等紧急情况，短距离物流可以快速、安全、精准地将紧急医疗物品、血液等送给需要的病人或医院，大大提高物流配送的效率，抢救生命。在自然灾害等特殊紧急情况下，还可以快速运送物资，保护人民的生命与财产安全，充分彰显国家意志、政治优势与制度优势。

第四，智能技术的应用普及，吸引了人才回乡参与新农村建设，推动了低空经济更大发展。

短距离物流来源于生产与生活。短距离物流无人机属于工业无人机，目前尚无专有机型，但其机型功能与植保机相近，可一机多用。随着载重量的加大，续航里程的延长，应用场景会越来越广，市场需求会越来越大。

与无人机支线运输、无人机快递、无人机仓储物流相比，无人机短距离物流是农业机械化的低空应用，解决的是人们肩挑背负之苦、跋山涉水之艰。海量需求与光明前景，吸引大量的新农人加入，掀起一股科

植树节无人机吊运树苗

技兴农热潮，形成低空经济新的热点板块。

◎ 第五节　无人机物流的全球化趋势

2024 年 5 月 20 日，智航飞购于长沙县开通幸福航线，运送订婚结婚戒指、玫瑰、情书等信物。

无人机物流全球化是大势所趋。美国的亚马逊、谷歌及全球领先的物流公司 UPS 较早地研发并尝试无人机配送，中国的京东、德邦等大型物流企业也主动加入了全球进程，并影响全球。中美引领全球无人机物流市场，地位举足轻重。

中国低空经济无人机物流的万亿市场必将到来。

第一，全球无人机物流行业发展迅速，市场规模持续扩大。

根据市场研究机构的数据，未来几年内，无人机物流的市场规模将以每年 20% 以上的速度增长。这一增长首先来自物流企业、电商公司等对无人机物流的需求，全球主要的参与者包括顺丰、亚马逊、京东等大型物流和电商企业，它们通过自主研发或合作开发的方式，拥有了自己的物流无人机产品和技术。其次还来自生产关系的改变、生产要求的改变，以及生产与生活方式的改变。

第二，世界各国加速布局，应用场景不断开发。

自 2012 年开始，谷歌、亚马逊、顺丰等行业巨头就纷纷开启了无人机物流项目。如今 12 年过去了，各国政府从鼓励到加速布局。如德国就为 DHL 开展无人机物流提供了有力支持和监管配套；法国、澳大

2024 年 5 月 20 日，智航飞购于长沙县开通幸福航线，运送订婚结婚戒指、玫瑰、情书等信物。

利亚、日本等国纷纷出台了支持无人机物流的政策；美国更是允许亚马逊在本土开展相关场景应用试验，并通过无人机融合试点国家计划。

　　随着新一代信息技术和智能装备的深度融合，仓网效能、配送路径得到优化，供应链管理能力得到提升，应用场景将得到全方位创新开发，并以更加集约、更加高效以及更加安全低碳的方式加速迭代升级。

　　第三，低空物流价值巨大，无人机物流全面颠覆与重构。

　　来自湖南省无人机行业战略发展研究院的数据分析：2023 年全球快递包裹业务量突破了 2000 亿件，单日达到 5.5 亿件。亚太地区 2023 年的快递包裹业务量占据了全球 73% 的份额。中国作为亚太地区的重要组成部分，快递业务量达到了 1105.8 亿件，业务收入达到 10566.7 亿元。无人机物流不仅是万亿产业，而且是占全球低空经济市场份额不低于 1/5 的重要产业。

　　巨大的价值，推动了无人机物流行业的颠覆与重构。

预计到 2025 年，城市短距离低速轻小型末端物流配送场景逐步成熟；到 2035 年，无人运输网络基本形成，城市中长距离中大型无人机物流配送将逐步推广应用。

湖南智航飞购——湖南省首家无人机物流企业，创新地建立了"AI 无人机＋即时零售＋即时配送"物联网新业态，贯通智航飞购 APP、商业平台、物流管理平台，实现物流配送高效化、常态化。

2024 年 4 月，智航飞购无人机即时零售项目在长沙县城范围内选择成熟商圈，建设辐射半径 5 公里的即时配送示范区，包括 5 至 10 个示范应用场景起降点。

湖南智航飞购长沙县城无人机配送点

第七章

应用场景——无人机植保

中国为农业大国，基本农田有 15 亿多亩，森林面积约 34.65 亿亩。

无人机植保能以 60 到 80 倍于人工喷洒的高效率，精准节能有效地防止病虫害大面积发生，是能适应各种复杂的地形地貌的全覆盖的高质量植保手段。

从 2014 年开始，随着中央一号文件提出"加强农用航空建设"的号召，植保无人机产业的春天已经到来。

湖南省无人机行业战略发展研究院研究报告分析：2024 年，我国植保无人机的行业产值已经达到千亿级别，未来 10 年之内将达到万亿量级。

拥抱大地，敬畏自然。

◎ 第一节　无人机植保的超高效率

据央视《正点财经》2024 年 4 月 17 日的报道：在河北沧州，农业无人机每 10 秒钟就能撒完一袋肥料，效率是人工的 80 倍。

来自湖南省无人机行业战略发展研究院的报告分析：一架植保无人机 1 分钟就可完成 1 亩稻田的"飞防"作业，每小时最大可以完成 50 亩地作业，一天可以完成 400—600 亩作业面积，相当于 60 个劳动力的工作总量。

还有一组数字：2014 年，全国植保无人机保有量为 695 架，总作业面积为 426 万亩；预计 2024 年全国植保无人机保有量为 22 万架，总作业面积为 30 亿亩。10 年间，植保无人机保有量增幅达 316 倍，作业面积增幅 703 倍。

这些数据至少表明了两个"已经"：第一，植保无人机"已经"在我国农业现代化的进程中发挥了重要作用；第二，植保无人机"已经"成为农业生产中不可或缺的一部分。

无人机果园喷洒——大疆创新

◎ **第二节 无人机植保的应用场景**

无人机植保的场景应用具有六个方面的优势：

1. 提高农业生产效率。

2. 保障操作人员安全。

3. 节能环保。

4. 减少劳动强度。

5. 提升防治效果。

6. 实时监控和数据分析。

无人机橘园喷洒——大疆创新

湖南中电金骏无人机植保

一、农业植保的应用场景

场景一：农田作物的喷洒

这些作物包括粮食作物、蔬菜、水果、草类作物和中药材等。

喷洒包括喷药与洒水两个功能。两个功能其实就是一个技术。由于无人机的飞行速度快，能够迅速覆盖大面积的土地，实现均匀喷洒，因此种植面积越大，效率越高，效果越好。

场景二：山地经济作物的喷洒

山地喷洒更能体现出无人机的优势。无论山顶、山坡、山麓、山谷，还是山沟、山洼、山坳，无人机喷洒都可以等效到达。相比传统农用喷雾机难以进入山间地形复杂地形，植保无人机通过搭载的机载设备随意调整飞行高度和飞行路线，实现精准喷洒，减少农药浪费，同时对作物的伤害也较小。

场景三：无人机播种与施肥

无人机的播种与施肥和喷洒是同样的应用逻辑。

相比于人工施肥，无人机施肥不仅高质高效，还可以避免由于人工踩踏造成的秧苗损伤以及由于人工疏漏而造成的重喷、漏喷及无效喷洒等问题。

场景四：农田数据收集与遥感

通常使用大中型固定翼植保无人机收集农田的实时数据，了解作物的生长状况，为农业管理提供科学依据。其广泛应用于农科院科学试验区，如新品种引进试验区、农业科学试验区，以及农业科研试验基地等等。

场景五：释放昆虫

物理防治方法，就是通过释放农作物害虫天敌昆虫来防止病虫侵蚀。用无人机释放昆虫也是植保的一种，既环保经济又安全高效。

场景六：精准病虫害检测

植保无人机配备的多光谱成像设备可以对农田中的作物进行高分辨率扫描，并通过专业的图像处理软件对病虫害进行精确识别和分析。这种精准的病虫害检测方法可以帮助农民及时发现问题并采取相应措施，防止病虫害对农田造成损失。

场景七：农业灾害保险勘察

当农作物在生长过程中遭受自然灾害的侵袭，特别是大面积农作物受到自然侵害时，为了准确界定损失面积，农业保险公司使用无人机进行农业保险灾害勘察，精准有效进行农业保险赔付。

场景八：农业信息监测

无人机农业信息监测主要包括——

环境监测：主要包括土壤、作物、大气、农用水和渔业水域等的监测。通过监测了解和掌握农业生态系统状况，及时发现和处理环境污染问题。

土壤监测：通过对土壤温湿度、酸碱度、盐分、氮磷钾含量等数据的实时采集和监测，帮助农业部门及农户及时地掌握土壤情况，及时对其做出调节。

病虫监测、灌溉情况监测：利用遥感技术对大面积土地进行航拍，并从航拍影像资料中全面地了解农作物的生长环境及生长周期等各项指标。

二、林业植保的应用场景

场景一：无人机森林资源调查和荒漠化监测

用固定翼大型长续航无人机，通过高清摄像机遥感技术进行拍摄，再通过 AI 对若干图片进行数据分析，有针对性地进行森林资源调查和荒漠化监测。无人机林业遥感技术的推广应用，可以大幅提升林业信息化水平，提高林业资源监测与管理效率。

场景二：无人机森林病虫害监测与防治

相比传统方式，无人机在森林病虫害的监测方面优势尤为明显，它可以高效、快速、全面、准确地掌握松毛虫、松墨天牛等主要虫害发生动态，帮助林业部门及时制订病虫防治方案。无人机的喷洒防治手段与

全天候作业无人直升机，每天喷洒面积达 300 亩——湖南植保无人机

农业植保相似，由于无人机森林植保的应用场景的特殊性，它对森林的保护意义非同寻常。

植保无人机防治具有药剂喷洒均匀、目标精准、作业效率高等优势，单机作业量最高可达 1500 亩。

场景三：森林火灾监测和动态管理

在林业植保过程中，无人机监测与北斗技术形成低空与高空信息互通。无人机作为一种补充手段，以监测为主，可将 GPS 技术、数字图像传输技术等高新技术综合应用于森林火灾监测和动态管理，解决林区森林防火瞭望和地面巡护无法顾及的偏远林区林火的早期发现问题。

◎ 第三节　无人机植保的未来前景

中国作为农业大国，拥有 15 亿多亩基本农田。

传统的植保方式存在效率低下、安全性差等问题，无人机植保的出现为农业生产提供了新的解决方案。随着农业机械化、智慧化的推进，无人机植保的需求量也在不断增加。

据湖南省无人机行业战略发展研究院研究报告分析，无人机植保的行业产值已经达到了千亿级别，未来 10 年之内可以达到万亿量级。

2022 年，中国的无人机植保出现了爆发式增长，无人机植保市场规模突破 100 亿元。随着技术的不断进步和应用领域的拓展，到 2025 年，中国无人机植保市场规模将达到 150 亿元。

从全球来看，未来几年无人机植保市场仍将保持快速增长态势。中国市场的发展潜力巨大，市场需求不断增长，无人机植保市场前景广阔。

◎ 第四节　无人机植保赢利困难问题

来自 2023 年度湖南省无人机行业发展报告分析：

湖南是农业大省，7000 万亩水稻面积，居全国第一，年产量 600 亿斤长期保持全国前三。截止到 2023 年，全省无人机植保覆盖约 1000 万亩，约占 14.3%。全省 122 个县（区、市）百分百开展了无人机植保。

调研发现：一方面是无人机行业产值快速递增，国家政策大力扶持；一方面是无人机植保行业普遍赢利困难。这是一对矛盾，也是低空经济在无人机植保行业暴露出来的问题。

究其原因有二：

一是市场竞争激烈，行业价格大战。随着越来越多的企业进入无人机植保行业，市场竞争日益激烈。为了争夺市场份额，很多企业采取低价策略，导致行业整体利润率越走越低。

二是无人机植保应用场景复杂多样，收费标准不能统一。目前，无人机植保的服务收费主要以作业面积为基础进行计算。在农田地形复杂、作物种类多样等因素影响下，农户与无人机植保服务商采取"就低不就高"的计价方式，无形中提高了应用成本，导致服务商利润缩水。这是矛盾的主要方面，它决定了无人机植保行业的价值取向。

问题的解决，一是依靠政府出台政策引导，二是依靠产业集约高质量发展，集中力量解决矛盾的主要方面。

邓小平在1992年南方谈话中曾作过科学的概括："社会主义的本质，是解放生产力，发展生产力，消灭剥削，消除两极分化，最终达到共同富裕。"在广大的农村，在劳动力缺乏的地区，可以借助无人机这一新质生产力的代表，开展科学种植和养殖，高效地存储和运输，不再受劳动力缺乏的限制。

新质生产力在乡村振兴中发挥的特殊作用，非常实在。

场景案例：中国的植保无人机在美国的新玩法

美国的一个年轻人团队，用中国的植保无人机一年完成36万亩喷洒，收益90万美元。他们是怎么做到的呢？

普通的植保模式到达目的地之后要卸车、安装、调试、加水、加药，才能进行植保作业，中间要换电池。这一系列操作下来需要一至两个小时。这群年轻人使用改装的移动牵引车，车到目的地就直接作业。

我们姑且叫它植保车吧。

植保车分上下两层：第一层（下面一层）有两台发电机，加一个

4000升的储水罐，可以喷洒3000多亩的土地，配一个微型抽水泵，打开阀门可以给上层的无人机供水。上面，有两个连接发电机的充电装置，带有散热和冷却功能。第二层（上面一层）就是无人机作业平台，可以停放两台植保无人机。作业平台既可做到无人机精准起降、高效率，又可以实现快速转场。通过一年的实践，这群年轻人还在全美启动了联合创业模式。联合模式的核心，就是招募年轻飞手复制他们的模式。

这群美国年轻人给我们的启示是什么呢？

一是空地结合，应用集成。有网友评论说，车辆改装在中国是行不通的。行不行得通姑且不论，有没有这样的思考才是重点。

二是联合创业模式的启动。这才是问题的关键，也抓住了矛盾的主要方面，能阻止恶性竞争与价格混乱。联合创业模式的优点至少有三个"统一"：应用技术统一、服务价格统一、发展模式统一。

湖南中电金骏无人机植保

第八章

应用场景——无人机巡检

无人机铁路桥巡检 图片来源：央狐网

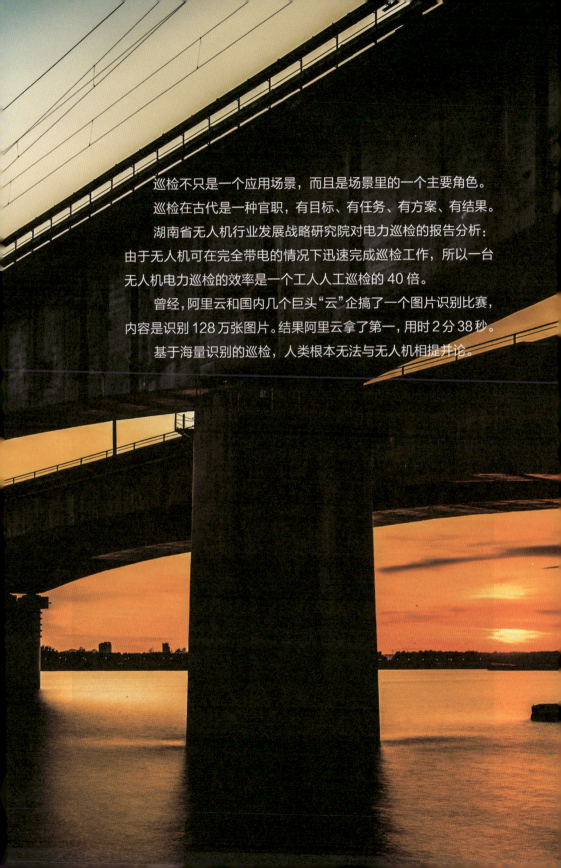

巡检不只是一个应用场景，而且是场景里的一个主要角色。

巡检在古代是一种官职，有目标、有任务、有方案、有结果。

湖南省无人机行业发展战略研究院对电力巡检的报告分析：由于无人机可在完全带电的情况下迅速完成巡检工作，所以一台无人机电力巡检的效率是一个工人人工巡检的 40 倍。

曾经，阿里云和国内几个巨头"云"企搞了一个图片识别比赛，内容是识别 128 万张图片。结果阿里云拿了第一，用时 2 分 38 秒。

基于海量识别的巡检，人类根本无法与无人机相提并论。

◎ 第一节　为什么要推动无人机巡检？

　　巡检，起初是中国古代一种官员的职务，主要职责是巡视和检查。进入现代社会，巡检一词成为现代质量管理的一部分。无论是古代还是现代，巡检都不只是一项工作，而且要充当一个角色，它有目标、有任务、有行动、有结果。

AI 制图：无人机铁路巡检

来到信息社会，人们用无人机代替人类巡检，并赋予它更多的内涵和更多的期待。有人说，用无人机巡检是基于无人机通过搭载的高倍高清摄像机能看得更远更清晰。这话只说对了一半。

完整地理解巡检，是无人机借助通信技术、遥感技术、摄影技术、夜视技术以及 AI 人工智能技术，对目标任务进行巡逻和检查。通过对海量的图片进行检索、比对和分析，快速作出判断，评估结果，为决策提供科学的依据。

现在，我们了解一下 AI 机器人识别图片的速度有多么惊人。

曾经，阿里云和国内几个巨头"云"企搞了一个图片识别比赛，结果阿里云拿了第一，成绩是识别 128 万张图片用时 2 分 38 秒。

人类是根本无法与之相比的。

所以要了解无人机巡检，从 AI 机器人识别图片入手比较容易。通过这个比较，我们就可以了解到无人机载入 AI 技术后能够远距离居高临下地"清楚地看到什么"了。

举几个例子吧——

在城市里：能看到绿化带的长度、宽度、位置，垃圾的堆放地点，路上行人乱丢的垃圾，乱停乱靠的车辆，住户楼顶上私接乱拉的电线、乱搭的凉棚……

在河流上：能看到桥墩是否异常、拉索是否异常，水面漂浮的是人还是垃圾，堤岸是否存在管涌险情……

在农田里：能看到禾苗的种类是水稻还是玉米，相比往年长势是好还是不好，需要施肥还是杀虫……

在道路上：能看到车辆朝向，看清车辆的类型是大客车、大货车还是小轿车、电动车、三轮车、两轮车，以及路上实线、虚线和斑马线……

在电力上：能根据需要看到电线塔上是否有鸟窝，输电线是否结冰，是否存在异常情况……

在校园里：能看到某时某地来了几人又走了几人，是老师还是学生，是男生还是女生，甚至通过人脸识别出是哪个年级哪个班的叫什么名字的学生……

总之，你想看到什么，它就看得到什么；你想要什么样的结论，它就分析什么结果给你；你马上要，它就立刻给到。

这就是巡检，智能、精准、安全、高效、自主。

现在来回答本节的问题：为什么要推动无人机巡检？

第一，提高作业效率，降低人员风险。

湖南省无人机行业发展战略研究院对电力巡检的报告分析：由于无人机可在完全带电的情况下迅速完成巡检工作，所以一台无人机电力巡检的效率是一个工人人工巡检的40倍，这是以往传统作业可以比较的场景，尚有可比的参数。而有些新开发或未开发的巡检应用场景，如河海、森林、沙漠、岛礁等等人力无法到达的地方，基本没有可比性。

无人机巡检适用于各种环境，完全规避了人工作业的风险。不受地形地貌环境约束的自主飞行，是无人机颠覆并重构巡检业态的核心所在。

第二，采集数据准确，智能分析自动。

无人机巡检的数据采集集成了多种现代科学技术，而且是一个极其复杂的过程。例如：飞行控制系统是无人机的大脑，负责处理飞行数据、执行飞行任务；传感器与摄像头负责收集巡检数据；数据处理与分析软件负责进行数据处理与分析、识别问题和生成报告；通信系统保证无人机与地面控制中心的实时数据传输；操作人员通过地面控制站进行无人机的发射、控制和数据接收等交互工作。以上种种过程，非人工可比拟。

第三，应用场景多样，大幅降低成本。

理论上讲，无人机巡检的应用场景无处不在，不拘一格。开篇我们讲的场景是低空经济的细胞或者模块，并非凭空想象，无中生有。有需求有交易才有价值。所以，无人机巡检的应用场景是由价值决定的。这些年，在人们的生产生活实践中，已经形成许多无人机巡检的应用场景，并产生了可观的经济价值，既可复制也可推广。例如：电力巡检、管道巡检、厂区巡检、农林巡检、海事巡检、风电与光伏巡检等。

◎ 第二节　如何开发无人机巡检的应用场景？

尽管无人机巡检看似无所不能，但也绝对不是万能的，因而不能随心所欲地提出没有应用价值的场景。所以这个问题还有另一种提法，即无人机巡检应用场景如何确立？

确立无人机巡检的应用场景是一个市场问题，也是一个社会问题，既要有深入的调研、严谨的论证，也要有科学的精神，否则会带偏市场，影响到政府或企业的决策。

无人机巡检应用场景的确立有三个基本思路：

一、解决痛点、消除盲点，为社会排忧解难。

二、降低成本、提升效能，为企业节能增效。

三、居安思危、科学预警，增强人民幸福感。

以上三种思路是基于无人机的"可视化"属性功能形成的巡检的长效机制认知。2024年第八届世界无人机大会上，作者在深圳与国内一些著名的巡检系统架构企业如大疆创新、中科云图的科研人员交流得知，无人机巡检的应用场景是甲乙双方共同评估确立的。基本的流程是用户进行痛点、难点或盲点的情景描述，供应商根据情景描述设计参数、形成解决方案，经反复测试调整才得以运行。

大疆创新——无人机可视巡检系统操作平台

大疆创新——电力巡检无人机自动起降

◎ 第三节　无人机巡检的应用场景

作为颠覆式的巡检方式，无人机巡检已经在多个领域得到广泛应用。以下场景是根据前面提出的三个基本思路所建立的巡检场景，有些已经常态化开展了。

场景一：电力巡检

无人机巡检的最早的应用场景之一。突破地形、天气痛点，大幅提高巡检工作的准确性、安全性以及效率。电力巡检的基本内容有以下四项：

1.线路本体和辅助设施巡查。

2. 故障点检测。

3. 环境定量化测量和定性化分析。

4. 精细化巡检。

场景二：管道巡检

管道巡检的场景很多，比如油气管道、城市管道等。无人机将采集到的图像等数据进行智能分析，自动识别管道损伤、腐蚀等问题，提高了巡检的准确性和效率，解决管道运行的盲点和人工巡检的危险性等问题。

场景三：厂区巡检

厂区巡检是无人机应用的一个重要领域，它充当起智能巡逻的角色，高效进行常态化巡检管理，帮助企业消除盲区漏洞和安全隐患，紧急情况下充当起空中指挥的角色。

场景四：粮库巡检

无人机粮库巡检是一个全新的课题，是一种高效、快速、安全的粮库监测技术。通过对粮库的全方位、多角度、多参数的监测和检测，确保国家粮食储备仓库的安全。粮库巡检的参数开发针对以下内容：1.粮库周边环境监测，包括鼠患、雨水，特别是通风窗的开关情况，以及对自然灾害风险如洪水、地震等进行预警。2.粮库外观检测，包括但不限于粮库建筑结构的完整性，防止出现裂缝或者损坏等情况。3.仓储内的温度监测。4.液位监测。5.气体浓度监测，监测粮库内的

氧气含量、二氧化碳含量以及其他有害气体的浓度，确保粮库内的气体环境符合要求。

场景五：农林巡检

农林巡检是必不可少的无人机巡检应用场景。它能精准掌握作物生长状态，及时把握病虫害预防时机，以及解决大范围人工巡检的作业效率问题。无人机农林巡检与农林植保和森林救援的功能有相通的地方，侧重点有所不同。

场景六：风电巡检

全自动检查风电叶片，降低安全管理风险。

场景七：光伏巡检

通过无人机进行全自动光伏巡检，可以大幅提高工作效率。湖南省无人机行业发展战略研究院报告称，一台无人机进行大范围光伏巡检，效率为一个工人人工巡检的 40 倍。

场景八：高速公路巡检

高速公路巡检属于道路巡检的内容之一，分两个方面的内容：一个是交通疏导和应急处置，属于交通管理的范畴；另一个是高速道路的巡检，属于建筑工程的内容。

道路巡检包括路面上堆积物、抛撒物、油污、积水、积雪等的巡检，影响交通安全的坑槽、拥包、桥头跳车等明显病害巡检、路基巡检、基础设施巡检和周边基建巡检，等等。由于高速公路路线长，无人机巡检主要针对易滑坡、易水毁的重点路段进行巡检。

场景九：桥梁巡检

使用无人机对不同类型的桥梁，特别是大桥、特大桥进行检测，通过数据采集发现施工中的问题和异常情况，分析桥梁结构的健康状况，实时获取桥梁的结构振动、位移等信息。

场景十：隧道巡检

无人机隧道巡检是一种现代化的隧道检查技术，按照规划的航线自主化飞行——进隧道、隧道巡航、出隧道，并对隧道内部进行全方位的检查和监测，既智能安全，又自主高效。

场景十一：铁路巡检

自有铁路，就有巡检。

无人机进行隧道巡检

无人机应用于铁路轨道巡检的目的是确保轨道安全，提高巡检效率，并及时发现潜在的环境影响因素。监测范围通常包括但不限于路堤坡脚、路堑坡顶、铁路桥梁外侧以及轨道周边的植被、地形变化等。无人机巡检技术已经成熟，无人机铁路巡检是一种突破性技术应用，是多种仿生技术的融合应用。

场景十二：水电站巡检

无人机水电站巡检既有共性的一面，如汛情巡查、水位巡查等，也有个性的一面。个性的一面是根据各个水电站的装机容量、地理位置等进行个性化场景开发。例如四川雅安的瀑布沟电厂就是利用"无人机＋工业电视"联动巡检技术，对瀑布沟水电站大坝右岸拉裂体进行全方位、无死角巡查。

场景十三：河流巡检

河流巡检的目的是什么？首要目的是流域治理。治理的内容有水质改善、河床清淤、堤坝加固、生态修复以及河道自然流动和排水功能恢复等。此外，还有防汛抗洪时期的安全风险巡检，如堤坝管涌、河流上的漂浮物等。

湖中如弯月的沙洲因流沙淤积而成，看上去很美，但与洞庭湖治理战略相违背。自 2021 以来，湖南省洞庭湖水利事务中心每年对洞庭湖（湖南段）全流域开展无人机河道巡检，采集河道淤积数据，开展洞庭湖保护与治理研究

场景十四：山体巡检

无人机山体巡检，主要是在极端天气或特殊情况下，对易滑坡易落石山体进行预警。另外，在洪水、泥石流、地震、山体滑坡等突发自然灾害中，无人机可以迅速获取受灾现场的遥感影像，并生成现场三维图像，为制订维护抢修方案提供情报，发挥极其重要的作用。

场景十五：重大活动场所巡检

按相关标准，政治活动、节日庆典活动、文化艺术活动，每场次预计参加人数在 1000 人以上的活动就是重大活动。无人机以空中俯瞰的角度全方位无死角巡检活动现场，通过搭载的多种现代遥感技术及 AI 快速识别分析技术，对活动场所进行前期、中期、后期巡检数据采集，排除盲点、报告疑点，全面把控，有效预防，低空实时监控和应急响应，确保活动安全顺利进行。

场景十六：城市综合治理巡检

先看无人机城市综合治理的两个案例。

案例之一：湖南岳阳市的湘阴县，无人机巡检发现了大量的违章搭建问题，并开展了有效的拆除工作。

案例之二：湖北九江市城市管理综合行政执法支队二大队使用无人机航拍巡查监管，在建筑垃圾监管方面发挥了"千里眼"的作用。通过

岳阳市湘阴县无人机综合治理 摄影：易辉

无人机的高空俯视，可以准确监控偷倒、乱倒垃圾的行为，助力执法人员精准、高效执法。此举不仅提高了城管执法的工作效率，也让违建得到了有效的遏制。

城市综合治理巡检内容很多，系统搭建相对比较复杂，需与城市管理部门认真研究，结合"排忧解难、节能增效和人民幸福感"三个基本思路确立巡检场景。

无人机在城市综合治理巡检中的应用包括以下几个方面：

1. 日常巡逻与夜间巡逻。

2. 违法建筑巡查。

3. 市容巡检服务。

长沙市开福区马栏山视频文创产业园 图片来源：央狐网

4. 城市数字化管理。

5. 城市网格化管理，减少网格员配置，提高办事效率。

6. 辅助作业，大幅增加巡检频次和扩大巡检范围，降低漏检率。

◎ 第四节　无人机巡检的发展未来

无人机巡检是一个复杂的系统工程，涉及无人机制造、载荷设备开发、数据分析等多个环节。技术的不断创新、场景应用的不断开发，将推动无人机巡检的标准化与规范化发展。

随着 AI 处理自动化、AI 云应用、AI 飞行自动化等无人机技术的不断迭代升级，无人机巡检技术将愈加成熟。

无人机巡检应用场景将覆盖生产与生活的方方面面，并进一步深化、细化、常态化。

未来，无人机将协同载人飞机进行联合巡检。无人机巡检将与人工智能、大数据、物联网等技术深度融合，促进不同行业间的数据共享、资源整合和工作效率提升，从而推动产业升级和创新发展，降低成本、提高效率，提升人类生产生活的幸福指数。

场景案例：广东梅大高速路面塌方的忧思

2024 年 5 月 1 日凌晨 2 时 10 分许，广东梅大高速往福建方向 K11+900m 附近发生了严重的高速公路路面塌陷事故。塌方遇难总人数 48 人，23 辆车陷落。

事故发生后，广东梅大高速路面塌方救援进展顺利，多部门联合投入了大量人力物力。

　　1.广东省委、省政府高度重视，成立事故救援现场指挥部，救援人员划分成 10 个网格化搜救小组，利用搜救犬和生命探测仪进行全方位搜救。

　　2.梅州调动了大量救援力量，包括应急、公安、消防、卫健、交通、通信等各类救援力量 577 人。

　　3.梅州调集各类救援车辆 64 辆，对事故区域进行网格化救援，开

事故救援现场　图片来源：新华社

展地毯式搜救。

4.保险机构提前预付赔款 1062 万元。

5.路面塌方修复，经费不确定。

广东梅大高速路面塌方事故造成了严重的人员伤亡和财产损失，对社会和经济产生了深远的影响。事故发生后，国务院成立调查组从设计、施工、监理等方面进行全面调查。

粗略估计，直接间接经济损失达数千万甚至上亿元。

我们从无人机巡检的角度来分析——

有专家指出，不能把反复的事故都归结为降水。梅大高速公路全线桥隧比例达 51%，为当时广东省山区高速公路中最高的，施工期间多次出现冒顶、塌方、透水等高风险情况。这样的滑坡，前期一般都有明显的现象，可以对潜在的滑坡区域进行预判，一些卫星检测监测手段也可以反馈到安全中心，进行预警，再决定是否对高速公路进行封闭。如果使用巡检无人机对路段进行常规巡检，完全可以提前预警，防患于未然。

第九章

应用场景——航空测绘

很多人没有体验过地理测绘，以及那种风餐露宿；
很多人更没有体验过无人机航测，以及那种云淡风轻。
很多人没有经历过无人机对农业的现代化管理——
化不可见为可见，化不可知为可知；
化不可量为可量，化不可守为可守……

无人机航测是一种高效的遥感技术，通常指操控无人机在飞行中进行空中摄影测量，也叫无人机测绘。无人机航测分外业和内业两部分：外业的任务是现场勘察和数据采集；内业的任务是数据处理和像控点。

　　无人机航测需要具备专业的飞行技能和航测知识。

　　我们通过外业来阐述无人机测绘的应用场景。

　　先看一幅图片：

农业无人机三维自动作业航线

无人机航测已经高度自动化,它拥有自动完成各种测量任务的功能。也就是说,它可以在没有人工干预的情况下,自动执行飞行、拍照、数据处理等一系列任务。

有人形象地说,一边喝着咖啡一边就把测绘的外业做完了。

从前的人工测绘可谓是一项极其艰苦的工作。风餐露宿,跋山涉水,作业强度与风险大,还有来自测绘进度的压力。测绘人员不仅要具备良好的身体素质,还要具备良好的心理素质。

解放生产力,降低风险与成本,大幅提升工作效率,使一项原本艰苦的工作变得轻松起来,无人机测绘便能实现。

有数据表明,一台无人机相当于 10 个经验丰富的测绘员。

如果是用于农业管理,如同一人身兼数职:能捕捉农作物的生长差异,能精准指导施肥用药,能监测作物的生长状态,还能发现作物的缺损、倒伏等情况,全程指导农事活动——一人一机轻松管理上千亩农田。

无人机航测和植保、巡检、安防、航拍被人社部列入职业技能等级五个工种,并在全国推行从初级、中级、高级到技师、高级技师的等级评定。

◎ 第一节　无人机测绘的基本技术

无人机摄影测量是一项综合性的技术应用,它集合了航空摄影测量、图像处理、地理信息系统(CIS)等多个领域的先进技术。这些技术在不同场景的融合应用,如数据处理技术、高精度定位技术、倾斜摄影技

术、实景三维建模技术，使得无人机摄影测量在文化遗产保护、城市规划、土地调查、环境监测等多个领域有着丰富的应用主题。

我们以应用较多的实景三维建模为例。

它结合航空摄影测量、近景摄影测量以及计算机图像识别技术，获取地表的精确信息，构建出真实的三维模型。这种模型与地表附着物、构筑物相像，甚至连表面的纹理颜色都与实际的一模一样。

真实的三维模型提供了一个全方位、沉浸式的实地查看体验。用户或工作人员，可以通过对实景模型的浏览快速了解场景全貌。如果是工程项目，则是整体的直观印象；如果是狭隘巷道或地下的管道，三维实景模型更是让人仿佛身临其境，一目了然。

复杂而困惑的问题，因此而简单明了。

航测历史建筑文物 摄影/测绘：丁勇

◎ 第二节　航空测绘的应用场景

航空测绘以无人机为主，有大型无人机，也有小型无人机，有固定翼无人机，也有多旋翼无人机。随着科技的进步、电池续航里程的增加，轻盈智能又操作简便的多旋翼无人机已成为航测的主流。

航空测绘的基本应用场景——

场景一：国家地理

利用遥感技术、地理信息系统等高科技手段，获取地表地理信息数据，生成地形图和其他地理信息产品。利用无人机技术进行国土测绘，为国家地理保护、地形地貌的变化、国家地理品牌推广等提供精确的地理数据库。

无人机测量长沙岳麓山地理数据

场景二：工程测量

对于工程测量，无人机可以高效获取三维可视化成果，服务工程所需质量和精度，高质量推动项目建设与评估。

场景三：规划勘察

以无人机进行规划勘察，代替人工进行踩点勘线，省时省力，形成真实全面的调查资料，为规划决策提供全面精准支持。

无人机规划勘察已经广泛应用于电力选线、公路选线和铁路选线、重点工程项目建设等。

场景四：农田数字化管理

航测技术在农田数字化管理中扮演着重要角色。

大疆创新——勘察地势

这项技术可以通过无人机等飞行器搭载传感器进行空中测量，获取农田的各种信息，如地形地貌、作物生长状况、土壤湿度等，并将这些数据转化为数字地图和模型，用于指导农业生产。

——化不可见为可见，精细化掌握作物生长状态。

通过搭载的各种传感器和图像识别算法，无人机可以对农田进行实时监测，获取作物的生长状态、密度、高度等数据，精细化掌握作物生长状态。

——化不可量为可量，精细化提供土地平整度。

通过高精度的空中测量，获得农田的形状、大小、高程、植被覆盖度等详细信息，为土地平整的设计和实施提供依据。

——化不可知为可知，精准化提供施肥用药方案。

对农作物进行光谱分析和氮素含量分析，实现对农田的精准施肥，提高肥效，减少肥料浪费。

——化不可守为可守，实现作物生长信息共享。

通过不间断的巡田作业，监测到作物的整个生命周期，及时发现缺苗、倒伏与杂草等异常情况。

场景五：远程航测

远程航测，也称为无人机航测或无人机（UAV）系统航测，是一种利用无人机进行空中摄影测量的技术。这项技术在多个领域中都有广泛的应用，极大提高了工作效率，降低了劳动风险，在智慧城市和智慧农业等领域已经广泛应用。

场景六：历史建筑文物保护

对古代宫殿建筑、宗教建筑、园林建筑、陵墓建筑，以及古村落、古遗址进行 360 度图像信息采集，并建立实景三维模型存档。当它们受

航拍实景三维模型

到毁损时可以按原貌精确修复，使其文化和历史价值得以保护和传承。

相比传统的手工测量，无人机三维扫描技术更加高效、精确，且无接触，因而不会造成文物损伤。

场景七：影视虚拟场景建模

通过无人机航测三维重建和人工建模方式获取现实场景三维精细模型，已经广泛应用于影视制作与 VR 沉浸式体验。电影电视制作中的一些大场景，采用实景三维模型代替 3D 动画制作，更显细腻真实与刺激震撼。特别是实景三维与 AI 技术的融合，不仅使场景逼真，而且可以大幅减少制作成本，缩短制作时间。基于实景三维建模的虚拟场景技术，已被广泛地应用于生活娱乐场景中。

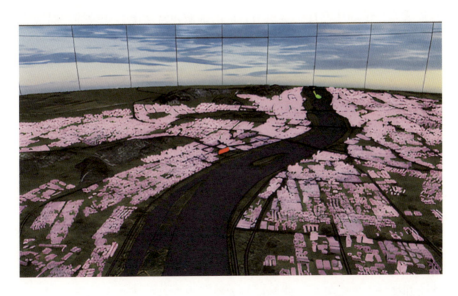

实景三维模型模拟湘江实景

场景八：应急救援处理

无人机航测技术在应急救援中可以起到重要作用。它能快速获取灾情信息、实时传输灾区高清影像和视频，提供直观的环境概貌，即时绘制影像专图，为研判灾情、实施精准救援提供客观、科学的重要依据。

无人机航测技术已成为国家航空应急救援体系的组成部分。

它在灾害侦察、灾害调查和灾后重建等应急测绘保障工作中发挥着越来越重要的作用。

场景九：隧道与管道检查

无人机测绘在隧道与管道检查中的应用，不仅极大地提高了检测的效率和安全性，而且通过配备先进的传感器和摄像头，远程调节 LED 照明系统，在各种光照不足甚至完全黑暗的隧道内部进行有效的检测并扫描成像，精确地捕捉到隧道与管道的细微异常情况，如裂缝、腐蚀或其他情况。

场景十：高速公路检查

通过实景三维建模，对高速公路道路改造的工程量做出精准评估。

场景十一：水下地形测量

水下地形测量是一种特殊的工程测量技术，主要用于测量江河、湖泊、水库等水域的平面位置和高程，以便绘制水下地形图。这项工作对于水利建设、海洋开发、船舶航行安全等都具有重要意义。

无人机水下地形测量技术通过高精度定位、激光雷达测深等先进技术的融合，实现了对水下地形的快速、高效和高精度测量。无人机水下地形测量应用场景还包括河流与湖泊的水下地形测量、水库库容测量、海洋地形测量。

场景十二：湖泊淤塞测量

湖泊流域淤塞测量对于确保防洪安全、维护生态平衡以及推动经济社会发展至关重要。湖南省每年都对洞庭湖流域淤塞情况进行测量，并根据测量结果采取相应的治理措施，为"守护好一江碧水"、维护洞庭湖区域生态环境健康和可持续发展提供依据。

洞庭湖流域淤塞情况测量

场景十三：桥梁监测

无人机通过相机、激光雷达对桥梁底面、柱面及横梁等结构面进行全方位拍摄，进行桥梁整体的三维建模。通过先进的航空技术提高桥梁检测的效率和精度，确保桥梁结构的安全性和耐久性，有助于及时发现问题并采取修复措施。

场景十四：市政管理

　　无人机航测应用于市政管理又是一个系统的集成，不同的职能部门有不同的解决方案。例如，针对某一个重点区域进行实景建模，研究市政管理的科学方法；对城市的基础设施如道路、桥梁、河道以及亮化工程、污水处理、环卫设施等进行全面检查；或对城市地标进行高精度影

无人机市政管理　图片来源：央狐网

像监测，提升城市管理水平，树立城市品牌形象。

场景案例：抢救性建立历史建筑三维实景模型档案——来自巴黎圣母院的警钟

始建于 1163 年的巴黎圣母院，是法国天主教大教堂，也是世界著名的教堂之一。它不仅是法国历史的见证，更是人类文化遗产的一部分。

巴黎圣母院以独特的建筑风格而闻名于世。教堂深约 125 米，宽约

火海之中的巴黎圣母院

47米，中部堂顶高35米，全部建筑用石头砌成。法国著名作家雨果曾形容巴黎圣母院是"巨大石头的交响乐"。

2019年4月15日傍晚，法国文明的瑰宝——拥有800多年历史的法国标志性建筑巴黎圣母院身陷大火之中。熊熊烈火之下，巴黎圣母院三分之二的屋顶架构遭焚毁，建造于19世纪的塔尖轰然倒塌，教堂内堆满焚落的建筑残骸，教堂遭受毁灭性破坏。

这场火灾不仅造成了建筑结构的巨大损失，也对法国乃至全球的文化遗产造成了不可估量的损失，让全世界扼腕叹息。

如果建立了实景三维模型档案，修复工作可以精准地恢复每一块石头的尺寸、形状以及光泽。

很遗憾，巴黎圣母院没有实景三维模型档案。

抢救性建立历史建筑三维实景模型档案，提升保护工作的效率和准确性，为后续活化与利用提供基础数据，以及在研究评估和规划管理等方面都具有重要的意义。

这是来自巴黎圣母院的警钟。

第十章

无人机安防应用场景

还记得那个悲痛与是非交织的深秋吗？

2022 年 10 月 14 日，一名叫胡鑫宇的 15 岁的高中学生失踪，随后家人报警。106 天后，警方在校园附近的树林里发现胡鑫宇自缢身亡，并且这里被证实为第一案发现场。

事件在全国引起了广泛的关注和讨论。

一时之间沸沸扬扬，谣言四起。当尘埃落定之时，忧思随之而来：用什么方法来确保校园安全？又有什么方法能防止学生从校园走失以及预防校园暴力案件发生？

高空监控，无死角观察地面情况；快速部署，迅速响应事件；配合传统安防监控设备，构建"地空一体"立体安防体系与"人机协同"的

智慧安防模式。

　　同时，无人机能够在灾害天气或受污染的环境下执行高风险任务，极大地降低了安全风险，减少了安保人员直接暴露在危险环境中的风险。

◎ 第二节 无人机安防与巡检的区别

无人机安防是基于无人机识别技术的场景应用。

它融合了无人机巡检（含监测）的技术属性，二者有相通也有区别。无人机巡检侧重于"巡检"与"监测"，无人机安防则专注于"安全预防"，分工明显不同。

无人机巡检与无人机安防的区别，一般在如下三个方面：

第一，目标任务不同。

无人机巡检的目标任务是通过数据采集，识别异常情况，提出解决方案；而无人机安防的目标任务是预设假定目标存在隐患，实现即刻发现并排除场景中的目标隐患。

第二，技术架构不同。

无人机巡检以场景的正常运行为模型进行技术架构；而无人机安防以保护人民生命财产安全为任务，融合多种技术应用。

无人机安防搭载的现代新技术，除了与无人机巡检共用的热成像技术、遥感和传感技术、无人机探测技术之外，还包括针对安防场景及突发状况开发的个性化技术。

例如：

监控技术——利用摄像头监测人体动作，识别攻击性行为并发出警报，做到地面监控与低空无人机相贯通。

无线智能安防预警技术——借助远距离 Wi-Fi 图传，实现实时高清音视频传输，让指挥人员获取真实的现场信息。

5G 通信技术——5G 技术的超低延时和大带宽的特点可以支持无人机实时传输高清视频等数据，实现更高效的远程控制和指挥。

反无人机技术——包括无人机干扰、拦截、摧毁等技术，用于防范和应对非法无人机的威胁，也叫"无人机侦测反制"。

第三，工作模式不同。

无人机巡检的工作模式是自动起降、自动巡检、自动预警，兼有人工的干预，以常态化的应用场景呈现，为规范化管理方案制订提供一手资料；而无人机安防则是在流动的、临时的、不确定的场景里进行严密的安全防御，工作的模式是空地结合、人机结合，察打一体。

无人机应用于安防，优势十分明显：

第一，无视野盲区。高空俯瞰，无死角地监控地面情况，灵活地调整监控角度和位置，有效地收集信息。

第二，机动灵活。无人机可以直线飞往目标位置，相比地面巡逻车或者载人直升机，其反应更快，飞行更高效。

第三，快速部署，便捷高效。无人机的部署和准备时间要比载人通用飞机或直升机快得多，可以迅速到达事发现场，记录下事态发展过程，为事后处理提供有力的证据。

第四，三维立体式的安防。无人机搭载的安防设备可以提供动态的视角、三维立体式的多样视角，帮助安防人员更好地了解安全状况，及时发现潜在的风险和威胁。通过大数据分析，找出犯罪嫌疑人的行踪规律，为警方提供有力的证据支持。这是其他安防监控视频所无法比拟的。

◎ 第三节　无人机安防的应用场景

场景一：居民区安防

居民区安防，特别是大型楼盘的安防，可以利用无人机的机动性、远程操控、监控能力和及时反应，提高小区的安全性。

目前的居民区安防以物业人工安防为主。可以推断，随着 5G 网络的普及和技术的进步，无人机安防会得到更广泛的应用，特别是在高空巡逻、楼盘外墙脱落、减灾防灾、社区网格化管理等方面发挥越来越重要的作用。

2024 年 4 月，湖南的恩安华保安服务有限公司智能无人机机巢领先驻防长沙县泉塘街道，标志着湖南无人机安防正式走进街道社区

场景二：校园安防

无人机校园安防是一种现代化的监控手段。通过无人机对校园内部及周边区域进行巡视和监控，提高校园安全防范的能力。

校园无人机安防系统的搭建，通过分布式调度算法实现无人机编队控制，对大面积区域进行全覆盖监控，空地一体，人机协同，高效响应。通过识别系统与感知系统融合，搭载 AI 人工智能与校园地面监控设备，空地联动互通，自动识别并记录信息，及时发出警报。例如：

外来人员、滋事人员与车辆；

校园霸凌及公共区域异常情况；

2024 年 3 月，湖南恩安华保安服务有限公司在湖南农业大学成功部署智能无人机机巢，与地面监控 24 小时互通，开展空中全方位的校园安全隐患排查

校园内冷僻区域异常行为；

校园与边界通道情况；

深夜或节假日校园情况。

卦闭式管理校园的消防与应急日常。

未来，无人机校园安防巡检是提升校园安全管理水平的重要手段，也是发展的必然趋势。

场景三：特殊区域安防

特殊区域安防，根据政治、经济以及地理的区域划分出特殊与重要区域。一般特殊区域指重要的、长期或临时管控的、敏感的区域。例如：

重点建设工程区域；

重大科研项目基地；

监狱、少管所、劳改农场；

重大灾情、疫情区域，军事管制区……

以监狱为例：

部署全自动无人机对监狱内进行日常巡视，通过对监狱及周边安防区域进行航线规划，实现全自动化监区巡查。同时还以无人机定点监控模式，对监区及周边敏感区域的固定点位进行高点监控。夜间巡逻时，开启无人机红外热感和夜视模式，一旦识别出异常情况，即刻反馈给指挥中心。

场景四：景区（园区）安防

景区的无人机安防应用越来越普遍，技术也越来越成熟。

空地一体、人机协同的一般逻辑是：

——地面布点的监控摄像头识别异常情况……

——通知机巢里的无人机起飞巡查，确认目标并继续跟踪……

——通过挂载的光电吊舱、警灯、喊话器、投放器等设备，以投放物资、喊话等方式提醒游客，规划航线，自动巡查重点区域、监视可疑人员……

——通知地面安保人员处置……

2023 年 11 月，北京八达岭长城景区正式启用无人机进行全天候安防巡检。两台高性能小型无人机部署在八达岭长城的南、北楼，规划了 5 条综合巡查航线，基本覆盖了长城景区的所有开放地段。无人机每天按计划自动执行 10 个架次的飞行任务，拍摄的画面和视频将实时同步至管理中心，配合地面巡查人员，能够及时发现并劝阻游客的不文明行为。

与此同时，无人机每两周针对重点区域生成高精度实景三维模型。通过对比及时发现山体滑坡、城墙外移等情况，为管理部门修缮长城提供决策依据。

场景五：大型活动现场安防

一般 1000 人以上的活动属于大型活动。

有演艺活动、运动赛事、庆典、科技活动、商贸会展等。

大型活动现场很复杂：人流、物流等情况瞬息变化。传统的现场安防，百密一疏，在所难免。

无人机应用于大型活动现场，作用明显。

监控预警：利用无人机搭载的高清摄像头等设备，对活动场所及周边进行实时监控，及时发现异常情况和潜在威胁，及时为安保人员提供预警信息。

人群监测：无人机获取人群分布和流动情况，帮助安保人员更好地维持现场秩序，提前做好疏导和采取应对措施，防止踩踏等事故发生，后续留存取证。

周界防护：对活动场所的边界开展巡逻，防范未经授权的无人机闯入或其他非法入侵行为。

应急通信：在某些情况下，无人机可搭载通信设备，作为临时的中继站，保障现场通信畅通。

快速响应：能够快速抵达指定位置，第一时间获取准确信息，协助安保人员迅速做出反应和处置。

夜间安防：配备红外等设备的无人机可在夜间进行有效监控，确保大型活动全天候都处于安全状态。

威慑作用：无人机用于安防，全覆盖、无死角，其搭载的各种传感器的动态影像与细微感知，本身就是对潜在的违法犯罪分子的一种威慑，使其不敢轻易实施违法犯罪行为。

场景六： 私人家庭安防

国外早有这样的应用场景了。

它的应用模型基本和景区安防类似。地面布设的监控摄像头通知待机的轻型无人机——平时就吸附在天花板的底座上充电，主人离家后就会自动飞下来巡逻，360 度扫描周围环境，发现异常情况后跟踪或者喊话，通过手机端同步通知主人或报警。

私家轻型无人机充当"会飞的管家"角色看家护院，它便捷实用，安防自如，推广普及很有价值。

未来，无人机进入千家万户，或从这里出发。

场景七： 无人机侦测反制

无人机侦测反制系统是重要的技术手段之一，其通过多种技术手段探测、发现管控区域非法无人机目标，定位追踪并有效处置，构建立体的低空防御系统。实践应用于：

1.重点机关空中管制。

2.重大外事活动的空中管制。

3.重大活动的空中管制。

4.管制区域的空中管制……

对于保障公共安全、防止无人机滥用具有积极意义。

无人机侦测反制系统运用了多种先进技术，包括无源频谱探测、雷达探测、光学探测、认知无线电协议破解技术、报文级解析技术及同频

AI 制图：无人机侦测反制

AI 制图：大型公共场所安防

干扰技术。这些技术能够有效地侦测、识别和防御无人机的入侵行为，对保护区内的无人机进行无源检测、区分敌我，确定目标无人机和飞手的实时位置。

无人机与无人机侦测反制是一对矛盾，对立而统一。

在应用场景中，它的重要性体现在维护公共安全和个人隐私、保障重要设施和军事基地安全，以及遵守法律法规等方面的作用。特别是推动无人机操控人员"持证"或"认证"上岗方面，有着积极的作用。

但是，无人机侦测反制使用不当或滥用，会产生一系列的社会问题。如有些不必要或者并不十分重要的场景、有些需要推广宣传吸引游客的场景、有些可用可不用的和少用或不用的场景等，可以不使用无人机侦测反制。即便是需要使用，也要提前发布，标明时间和重点区域及处置办法。

从这个意义上来讲，无人机侦测反制对于推动低空经济规范化法制化管理，有着发展性意义与进步意义。

场景八：公共场所安防

这里指向的是人员密集的公共区域，如机场、港口码头、车站、影院、体育馆、候机（车、船）厅等需要安防的范围。

公共场所的安防，常规巡查与及时响应相结合。此类应用场景类似于"场景四：景区（园区）安防"的模型。不同的是，因为场景比较集中，人员流动大，出现异常情况时无人机须快速确定位置，通过喊话的方式进行处理，以防事态进一步扩大。

无人机校园巡检 图片来源：央狐网

场景案例：从胡鑫宇案件谈校园无人机安防的特殊意义

2022 年 10 月 14 日，一名叫胡鑫宇的 15 岁的高中学生失踪，随后家人报警。106 天后，警方在校园附近的树林里发现胡鑫宇自缢身亡，并且这里被证实为第一案发现场。

事件在全国引起了广泛的关注和讨论。

一时之间沸沸扬扬，谣言四起。当尘埃落定之时，忧思随之而来：用什么方法来确保校园安全？又有什么方法能防止学生从校园走失以及预防校园暴力案件发生？

人们的目光开始投向校园无人机安防，思考其特殊意义。

在胡鑫宇案件中，由于种种原因，警方在搜寻过程中遇到了一些困难和挑战。而校园无人机安防的运用，或许能够在一定程度上避免类似事件的发生。通过无人机的高空视角和快速巡查能力，可以更及时、全面地掌握校园内的动态情况。无论是日常的校园巡逻，还是特殊时期对校园各个角落的监控，无人机都能够发挥作用。

首先，校园无人机安防能够提升安全防范的效率和精准度。它可以快速扫描大面积区域，及时发现异常情况和潜在的安全隐患，如人员的异常聚集、危险物品的出现等。这有助于学校管理者和安保人员迅速做出反应，采取有效的应对措施，将风险控制在最低限度。

其次，校园无人机安防也能够增强学校对突发事件的应对能力。在类似胡鑫宇这样的情况下，无人机可以迅速出动，协助搜寻，提供更为准确的线索和信息，提高救援和搜寻的成功率。

再次，校园无人机安防还具有一定的威慑作用。它的存在会让那些有不良企图的人有所忌惮，不敢轻易在校园内实施违法犯罪行为。这对维护校园的治安和秩序具有重要意义。

校园无人机安防也体现了科技与安全管理的有机结合。重视并积极推动校园无人机安防的应用和发展，能让科技更好地服务于校园安全事业。

让天下莘莘学子，快乐地学习，健康地成长吧！

第十一章

应用场景——无人机环境监测

无人机搭载了"感知系统"，就有了"感知智能"。
拥有"感知智能"，是无人机技术研究的重要突破。
感知温度、湿度、酸碱度、烟雾浓度，
感知空气，感知土壤，感知海洋，感知生态，等等。
智能而精微的感知，让许多复杂的问题迎刃而解。
随着中国无人机共享模式的开启，
全球将形成环境保护工作的中国场景。

◎ 第一节　基于视觉的无人机环境的感知测量系统

在前面的章节里，我们已经了解到无人机在救援、植保、测绘、巡检等领域的应用。应用场景的多样化和飞行环境的复杂化，对无人机技术提出了更高的要求。于是，研究人员开发了一套通用的基于视觉的飞行环境感知测量系统。系统以传感器组件中的"气体传感器"和"颗粒物监测仪"两大技术为核心，实时监测空气中的有害气体和颗粒物浓度，以及环境中的温度、湿度和障碍物等。

无人机搭载了"感知系统"，就有了"感知智能"。

拥有"感知智能"，是无人机技术研究的重要突破。

智能而精微的感知系统，让复杂的问题迎刃而解。

有人说，无人机搭载的环境感知测量技术浑身长满了"黑科技"，极大地拓展了人工监测的范围，监测点从有限的固定位置扩展到一座城、一座山或一条河的任意位置；通过搭载各种传感器和测量仪，实时监测关键区域，海量采集数据，包括温度、湿度、空气质量等多种信息的实时获取，以客观数据作为支持，实现污染源精准溯源，空气质量实时评估。

◎ 第二节　无人机环境监测的特点与未来

信息精确。无人机具有高空立体监测的技术优势。空中的视角可以多角度、多层级对大气环境进行多点监测，采集数据信息全面而精确。

机动灵活。这种灵活的机动性表现在无人机不受固定点位的限制。

城市居民区、农村乡镇、工业园区、重点工业企业、道路交通、建筑工地等，即便是大范围、高密度的复杂环境，也可以实施常态化监测。

大范围。选择一款合适的无人飞行器，飞行距离从几百米到几十公里不等，能对平原、丘岗、森林、湖海，以及病、灾、险、毒等场景进行大范围监测。

可视化。无人机搭载环境监测系统或设备，最多可以获取46种实时数据。监测人员可通过手机小程序或电脑端实时可视化浏览个性化设置超标报警及各种提醒，并一键生成监测报告。

数据齐全。能够获取环境监测的大数据，如温度、湿度、PM2.5、PM10、CO、SO_2、NO_2、O_3、VOCs等，并实时传输数据到地面站或云端处理分析，还能通过实景三维建模决策分析。

未来，无人机环境监测将拥有更高的精准度和效率、更广泛的应用场景、更丰富的功能集成，将更加智能化、自动化和自主化。无人机环境监测数据成果将接入AI人工智能大模型，实现共享。

◎ 第三节　应用场景

场景一：大气环境监测

无人机大气环境监测的两项主要内容：

大气空气质量监测——通过无人机大范围识别污染源污染物浓度，为空气污染治理提供科学依据。

水环境监测

城市空气质量监测——为评估和监测城市空气质量提供实时的数据支持，改善城市居民的生活环境。

场景二：水环境监测

通过无人机搭载的水体采样器和水质分析设备，对湖泊、河流、水库水域进行快速、准确的监测。根据水域的污染源和污染程度，为环保部门提供水质监测数据，有效保护水资源和预防水污染。

场景三：土壤环境监测

工业区域监测——通过无人机搭载的热红外相机和气体传感器，对工业排放进行监测，评估工业废弃物排放的潜在风险，帮助企业改进生产工艺，减少环境污染。

农药残留监测——通过无人机配备的光谱传感器，获取农田遥感图像，在农药使用后识别农田中的农药残留情况，对污染区域进行定位。

烟气排放监测——通过无人机配备的气体传感器和热红外相机，对工业企业的烟囱进行监测，准确测量烟囱的烟气排放浓度和温度。

此外，无人机可以在人迹罕至的地区，如热带雨林、熔岩流、泥潭沼泽、原始森林次森林进行环境监测。通过收集多光谱数据，获取土壤的养分含量、酸碱度、有机质含量等关键指标。

无人机被派往某大型化工厂上空，对其排放的废气进行采样和分析。通过搭载的传感器组件，成功检测到了几种关键污染物，并将数据实时传输回监测中心。经过分析，环保部门得出了该工厂的排放水平是否符合国家制定的标准的结论。得益于无人机的快速响应能力和高空间分辨率，这一过程比传统的地面监测要高效得多。

城市环境污染监测

场景四：生态系统监测

无人机的生态系统监测涵盖了多个方面。

通过生态系统生物量和碳储量调查、种群空间格局以及生态系统物种识别、生物多样性研究等途径促进生态保护、维持生态平衡，是无人机生态系统监测的一项工作内容。通过红外相机和 GPS 设备对野生动物的迁徙、栖息地状况进行实时监测，保护濒危物种，是无人机生态系统监测的另一项工作。

同样的场景在非洲，无人机被用于监控大象、犀牛等濒危动物的活动，以及监控非法狩猎的行为。

无人机监测到游荡的野生亚洲象群

场景五：灾害监测

灾前预警——通过搭载的高分辨率摄像头和传感器实时空中监视，

及时发现潜在的山体滑坡、洪水等灾害隐患；深入灾害频发区域进行监测，实现灾害预测预警的快速响应和精准定位。同时绘制态势图，为救灾和灾后的生态恢复研判、规划和决策提供了真实可信的资料。

应急救援——当灾害发生时，无人机快速飞入危险区域，通过红外热成像等技术搜索受灾情况，为紧急救援提供关键信息。

灾后评估——通过对灾害现场进行实景三维地形建模和建筑物重建，评估灾害的破坏与损失，为灾后恢复和重建提供技术支持。

场景六：森林火灾监测

通过搭载的高清摄像头、红外热成像仪等多种传感器，实时获取地面和空中的图像等数据，快速发现和定位问题森林区域；通过采集的火势蔓延速度、森林内温度、烟雾浓度等数据，为火灾预警和决策提供有价值的信息。

场景七：气象探测

无人机技术应用于气象探测是革命性的技术变革。无人机不仅可以搭载各种气象观测仪器，如温湿度传感器、风速风向仪、辐射计等对大气环境进行实时监测和数据采集，还可以进行高空探测，获取更为全面、准确的气象信息。

无人机气象探测的革命性体现在以下四个方面：

一是补齐地面观测的不足，提高气象数据的全面性和准确性；二是实现高空探测的精细化，获取更为详细、准确的气象数据；三是快速响应灾害性天气，为灾害预警和应急救援提供及时、准确的气象支持；四是促进气象观测的高效性与灵活性。

同时，无人机气象探测可以做到大区域、长时间、连续气象探测，既高效、灵活又成本低，根据实时气象数据和控制信号自主调整探测方向和参数，可以快速准确地获取目标信息。

场景八：粮食储备库监测

粮食关系国家命脉，建立粮食储备库是国家战略决策。

国家粮食储备库的主要职能是国家战略粮食储备。根据国家粮食和物资储备局的数据，截至 2023 年末，全国粮食标准仓房完好仓容超 7 亿吨。

国家粮食储备库的日常运作主要是保管粮食，粮库的一线员工就是保管员。储备规模在 5 万吨的粮库，保管员就 10 人左右。通常情况下，一个保管员管理一个约 5000 吨仓容的仓库。

粮库的人手配备不足程度超乎想象。这也就引出了粮库管理的一系

无人机监测粮食储备库

列问题：一是粮库的虫害、鼠害、霉变与事故；二是仓储设施老化与仓储人员队伍断层弱化；三是新技术与新方法推广难；等等。

无人机应用于粮库的场景，重点开展四个方面的监测。

1. 通风窗开关的监测：晴天打开、早上打开，雨天关闭、收工关闭的日常监测。

2. 温湿度监测：粮库内部的温度与湿度的实时监测。

3. 老化设施监测：包括仓库的墙体是否裂缝、墙体是否受潮、基地是否塌陷、通风设备是否老化。

4. 防火防盗监测：灭火器质量、数量及更换情况和防盗设施是否正常等。

场景九：无人机人工降雨

中国的无人机人工降雨技术全球领先。

资料表明：截至 2023 年 4 月国产翼龙 –2H 气象型无人机先后在森林草原防火、抗御高温干旱、增蓄保供等方面实施了多架次作业飞行，累计飞行作业近 90 小时，累计受益面积超 10 万平方公里，标志着我国大型无人机开展人工增雨作业进入常态化。例如，2022 年 7 月，四川省遭遇了历史罕见的灾害性高温少雨天气，通过"及时雨"无人机实施人工增雨作业，有效缓解了四川盆地的高温旱情。

场景十：海洋监测

无人机海洋监测的重点是针对海洋环境、海洋生态以及海洋资源等

无人机人工降雨

方面进行监测。覆盖范围大，并快速飞越辽阔的海域，实现海水质量、海洋生态系统、海洋气象等多方面全方位监测，这是无人机海洋监测的特殊优势。

随着技术的不断进步，无人机应用于海洋监测将出现两种场景：一种是在大海上空飞行，一种是在海洋底下遨游。

有人说，无人机不仅要飞向蓝天，还要走向蓝海。

海洋生态环境监测、海岸线变化监测、海上交通管理、海洋资源勘探、海洋灾害监测、海水监测、海洋生物分布监测以及沿海地区土壤质量监测等等，是无人机海洋监测的应用范围。

保护并利用海域，无人机海洋监测的意义体现在这里。

◎ 第四节　无人机粮库监测解决方案

在仓储库区设立无人值守自动起降机场，选择一款合适的工业无人机，定点、定时、定工作任务开展监测工作。目前，国内具备监测功能的无人机不仅有成熟的技术，而且提供可接续开发的端口。

◎ 第五节　场景应用与技术挑战

无人机环境监测作用很大，问题与挑战也客观存在。

首先是数据处理能力的瓶颈。

当海量的数据堆积，如何快速、准确地处理并提取有用信息，成为亟待解决的问题。没有高效的算法、算力和数据分析技术的支撑，就很难将监测数据转化为决策依据。

其次是法律法规的限制。

飞行高度、飞行区域、数据收集和使用等方面可能受到严格的法律管制。既要保障公共安全和隐私权，又要不妨碍无人机在环境监测中的场景应用，潜在地受到了法律法规的限制。

再次是高精技术的局限。

一是无人机的续航能力限制了其在单一任务中所能覆盖的范围，二

无人机海洋气候监测

无人机沙漠气候监测

是无人机搭载的传感器和设备在精确度和稳定性方面有待提高。

最后是综合应用能力的挑战。

未来，更全面地监测环境，需要将无人机监测系统与其他地面监测站、卫星遥感综合形成一张立体的环境监测网络。

这是无人机环境监测的综合能力迎来的新的挑战。

◎ 第六节　无人机生态环境监测的国际化趋势

环境问题是全人类的问题，需要国际社会协同解决。

无人机生态环境监测作为一种高效、灵活的环境监测手段，在全球范围内渐受重视，并被广泛应用于生态保护和环境治理领域。各国政府和环保组织认识到无人机技术的重要性，开始投资研发并部署无人机监测网络，以推动信息共享。

在全球生态环境监测工作中，我们可以看到联合国环境规划署（UNEP）、世界气象组织（WMO）、联合国教科文组织（UNESCO）、经济合作与发展组织（OECD）和世界贸易组织（WTO）等都在积极发挥作用。这些组织通过促进国际环境合作、加强环境政策的协调、推动国际环境条约的谈判与实施等方式，助力全球环境治理。

无人机技术应用将推动生态环境监测的全球化共建共享。

一、技术与创新的合作

技术创新是无人机生态环境监测国际化的推动力量。随着传感器技术的升级和数据处理能力的提升，无人机能够获取更为丰富、精准的环境数据。国际合作组织正在促进技术共享和标准制定，以确保跨国界环境监测数据的兼容性和有效性。中国的无人机技术已经在水环境监测方面取得了显著成效，并不断与其他国家进行技术交流和合作。

二、法规与标准的共建

随着无人机生态环境监测的国际化趋势加强，各国需要制定相应的法规和标准来规范无人机的使用和数据管理。这包括确保无人机操作的安全性、数据隐私保护以及跨境环境监测的数据交换问题。国际标准化组织（ISO）和相关行业组织正在推动相关标准的制定，促进跨国界的环保监测合作。

三、应用领域与监测模式的共享

无人机生态环境监测的应用领域正在不断拓展，从最初的水质监测、大气监测扩展到森林资源监管、野生动物保护、自然灾害监测等多个领域。这些应用促进了跨国环保项目的合作，提升了全球环境监测的能力。例如，"天空地"一体化监测模式让生态监测具备了远程感知和快速响应的能力，在联合国开发计划署（UNDP）的支持下，无人机技术在多个发展中国家得到了应用。

四、中国无人机监测技术的全球推动

由深圳市无人机行业协会发起并主办的世界无人机大会，在深圳

世界无人机大会

已经连续举办了八届。从 2017 年到 2024 年，线上线下累计参会人数超 1000 万人次，累计举办论坛 300 余场，累计参展企业 3000 余家。特别是第八届，来自世界各国的政要、科学家、企业家达 1000 余名。自世界无人机大会开办以来，无人机遥感技术应用、无人机巡检监测技术应用成为历届会议的热点话题。中国无人机监测技术的引领和推动，让全世界看到了无人机监测技术的合作共建是人类社会共建美好家园的必然。

随着中国无人机监测技术应用场景的开发与推动，生态环境监测技术共享、信息共享、系统共建，将形成全球环境保护工作的中国场景。

第十二章

应用场景——

无人机空中造景

千机科技作品——2023 年福州空军节

无人机空中造景，俗称"无人机编队飞行表演"，还有一个时尚的提法叫"低空元宇宙应用场景"。

它是典型的"科技与文化融合"的创意场景。

它将无人机灯光秀和编队飞行所呈现的画面变幻有机拼接，在夜空中营造绚丽的场景，以视觉盛宴描绘故事情景，诠释主题思想。

◎ 第一节 无人机空中造景的技术与艺术创新

无人机"空中造景"概念，于 2021 年由湖南电广传媒控股子公司韵洪传播旗下的电广千机提出，当时还有个时尚的提法叫"低空元宇宙应用场景"。通过无人机的编队飞行和灯光秀来创造出各种图案和动态效果，在夜空中创造出新的艺术场景。

虽然无人机在空中停留的时长受限，但因现场的震撼与刺激，绚烂的场景依然在观众心中留下长久的记忆。

无人机空中造景是融技术与艺术于一体的创新，是高度协调的空中艺术展示，是内容的二次呈现。

技术上，它不仅需要高度的编程和操控技术，还需要精密的飞行控制系统和通信技术及应急处理技术能力。

艺术上，它将无人机灯光秀和编队飞行所呈现出的画面变幻有机地

千机科技作品——电广千机无人机空中造景，仅 2021 年就 7 次打破吉尼斯世界纪录。其中"纪念袁隆平院士"的空中追思造景引发国内全网转发，浏览量超过 10 亿

拼接,在夜空中营造氛围,以一场视觉盛宴描绘故事情景,诠释主题思想。

◎ 第二节　无人机空中造景的应用场景

无人机空中造景是技术与艺术的创意呈现,其场景应用以天空为屏,不拘地域和季节,主题呈现因事因人而异。

无人机空中造景的应用场景,其实是内容情景与背景故事的融合。

场景一：空中媒体

空中媒体需有固定的空域、持续的内容、专业的团队,并以空中媒体的形式来长期运营。即便是没有客户需求,也要常态化地进行内容的输出,以培养固定的受众。如上海的外滩与长沙的北辰三角洲就是如此。

场景二：大型活动赛事

无人机编队飞行表演在大型活动和赛事中极为常见,有时会成为某些国内外知名品牌活动的标配。

现象级的无人机空中造景助推大型活动赛事如国庆庆典、全运会的举行,影响更加深远。

场景三：企业品牌营销

越来越多的企业选择利用无人机空中造景来表达企业或品牌内涵,传达品牌文化及商业价值。特别是新产品的发布、重大项目的落成、企业周年庆典等,以空中造景的形式呈现,既体现企业的行业地位,又展示品牌的影响力。

场景四：文旅景区

无人机空中造景在旅游景区的推广中也扮演着重要角色。

无论是开业活动还是日常的驻场表演，通过无人机空中造景与实景的有机融合，能够吸引游客眼球；通过线上线下的二次推广，能够增强景区的知名度和话题性。

场景五：个人心愿表达

个性化的表演能够让特殊时刻变得意味深长，让人不能忘怀。

无人机空中造景越来越多地用于个人心愿表达，如求婚告白、生日祝福、公益情怀、出国深造、金榜题名等。

千机科技作品——2022年博鳌论坛，2022架无人机点亮夜空

场景六：创意玩法

无人机空中造景是一门创意艺术，也是用科技表达行为艺术。科技的进步促进了创意玩法不断发展。

——空中造景与烟花结合，虚实相生，气势磅礴。

——空中造景与单控无人机彩翼配合，点缀情景。

——空中造景与激光图形相结合，光与景相映成趣。

——空中造景与大型舞蹈表演互动，情景互动，充满诗情画意。

◎ 第三节　无人机空中造景的创新发展之路

第一，以技术创新拓宽艺术创新。

当前，受能源续航的制约，空中造景的时间有限，故事的表达受到局限。未来，随着 AI 技术和 3D 立体图形技术的融合应用，无人机能够在更长的时间里讲述更多的内容，展现更精美复杂的图案和文字。

第二，社交媒体推动空中媒体。

空中作品在社交平台上的二次传播带来了巨大的流量，增强了空中造景的影响力，吸引了更多的潜在受众与客户。

第三，通过多样化的消费主体带动空中造景的消费普及。

消费者不再局限于政府部门和企业单位。无人机空中造景要从传统的文旅项目和企业活动向个人消费市场拓展，形成服务场景的多样化，让普通民众也参与到这种新型的庆祝活动中来。例如通过无人机求婚、贺寿、推广公益等形式推动无人机空中造景的普及。

千机科技作品——广州海心沙，元宇宙音乐会

第四，以国际标准引领国际市场，奠定国际行业地位。

中国无人机编队飞行表演的技术和服务已经达到了国际水平，并且在全球范围内受到欢迎。建立无人机空中造景的国际标准，以国际标准引领国际市场，前景广阔。

◎ 第四节　无人机空中造景的文化与商业价值

时至今日，无人机空中造景的技术已经成熟，其个性化定制备受国内外受众的认可。在上海外滩和长沙的北辰三角洲，有相对固定时间的无人机表演。外滩和北辰两地，由无人机编队飞行表演形成的空中频道已经诞生。

这是无人机编队飞行表演的新场景和城市文明建设的新亮点。它的文化与商业价值，体现在以下几个方面：

第一，创新性营销手段，吸引公众的注意力。

无人机编队飞行表演作为一种新颖的广告和营销方式，能够吸引大量公众注意力。无人机编队飞行表演不仅展示了无人机科技技术成果，还提升了品牌的知名度。它比传统广告更具互动性和话题性，形成口碑传播。

第二，高科技元素的吸引力，增强了商业的高附加值。

无人机编队飞行表演融合了科技与艺术，吸引了对新技术感兴趣的观众群体。随着技术的发展，无人机空中造景与烟花表演、灯光秀、激光秀同场融合且无缝衔接，极大地丰富了表演形式。空中造景的精度和创意性不断提升，其商业价值也随之提升。

第三，灵活的规模和定制性，适用于多样化的场景。

无人机编队飞行表演可以根据具体需求调整规模，从小规模的几十架到大规模的上千架，为不同类型的活动提供定制服务。这使得无人机编队飞行表演适用于广泛的客户群体和多样化的商业场景。

第四，多样化的应用场景，增强文化的认同感。

无人机编队飞行表演可以应用于各种场合，包括节日庆典、企业活动、体育赛事、音乐会等。它们可以在夜空中绘制图案、文字，甚至复杂的 3D 图形，为观众带来独特的视觉体验；此外，结合地理位置和文化特色定制的表演内容，能够增强地方特色和文化认同感。

第十三章

应用场景——无人机独立调查

　　无人机独立调查，即无人机调查。

　　"独立"所强调的是它的客观性、全知性和无偏见。

　　这个概念源于宗教与哲学的"上帝视角"。

　　古今中外，无论对个人、对组织还是社会，无论是战略层面还是执行层面，调查都是不可或缺的重要手段。

　　它是科学决策的根基和解决问题的根本，是谋求发展的核心元素和正确决策的指路明灯。

实地调查、问卷调查、会议调查、访谈调查、文献调查以及抽样调查、重点调查、典型调查等，总是免不了细节的缺失与人的主观所形成的盲区与倾向。

古人云：纸上得来终觉浅，绝知此事要躬行。

◎ 第一节　"上帝视角"的客观价值

什么是"上帝视角"？

"上帝视角"是一种超然的、全知的、无偏见的视角，源于宗教和哲学概念。它通常以一种不受局限的、全面的视角来俯瞰事物的本质、结构和关系。现代社会中，这种视角可以帮助人们从更高的层面和多元的维度看待和分析问题，超越个人、群体甚至文化的局限，把握事物的全貌和真相。

无人机独立调查，原本是众多场景中的一项前期工作，如同航拍中的前期勘景选点、救援中的现场测量与绘制线路、巡检中的区域划分与布局定点、监测中的目标锁定及定时定位、安防中的环境确认与重点预案一样。

它是整体方案中的一个环节，又是跨界融合的独立行为。

本章以"无人机独立调查"单列出来，可谓是无人机跨界融合的又一旁证。

无人机独立调查的客观价值如何体现？

首先，是以科技为基础的"上帝视角"，客观而全面地采集信息；其次，以公正和无私的态度处理问题，放下自身利益与主观偏见；再次，以更宏观和长远的角度审视现状，以"上帝视角"思考问题，跳出局部和眼前的局限，不断完善自我、激发自我、发展自我，从而超越自我。

无人机独立调查是一种新型的调查手段，也是一个全新的深刻的课题。它重点服务于经济建设，也服务于政治统治。

无人机自动起降定时调查

◎ **第二节　无人机调查的科学优势**

无人机调查的科学优势源于它所搭载的现代科技。

让我们以"拟人"的方法来了解它。

第一，高清数码相机。用于拍摄高分辨率的可见光图像，获取目标的纹理、颜色、形状等信息，可用于土地利用、植被覆盖、地形地貌等多方面的调查。可选用的高清数码相机很多，有的相机能够实现56倍变焦的拍摄。也就是说，在可见光条件下能够"看清楚"3公里以内目标的细节。

第二，多光谱相机。通过其独特的光学系统和精密的控制处理器，能够捕捉到物体在不同波段的光谱信息，并将其转化为图像数据进行分析和存储。可应用于农业调查，不仅能"看清楚"，还能够"分清楚"不同的植被类型，"看清楚"作物的健康状况，"看到"土壤的特性，等等。多光谱的特点是"看得多"且"分得清"。

第三，高光谱相机。相比多光谱相机，高光谱相机能提供更精细的光谱分辨率，用于更精确的物质成分分析。例如矿产资源的探测。高光谱的特点是不仅"看得清楚"而且"看得精细"。

第四，激光雷达。全称为激光探测与测距，是一种先进的遥感技术。它使用激光作为光源，通过测量激光脉冲从发射到反射回来的时间差来确定目标的距离，生成高精度的三维地形数据，对于测量树木高度、绘制地形地貌非常有用。通俗地理解，激光雷达能够多角度地"看到目标形状"的长、宽、高。

第五，热成像相机。检测物体发出的热辐射，可用于发现森林火灾热点、监测能源设施的热损耗等。热成像相机的特别之处，就是不仅有了"视觉"，能智能地"看到"，而且有了"感觉"，能智能地"摸到"。

如果把高清数码相机、多光谱和高光谱相机看成是人的"视觉"（识别智能），那么激光雷达和热成像相机就是像人一样有了"感觉"（感知智能）。

从"识别智能"到"感知智能"是一次技术的飞跃。

其实无人机可搭载的现代技术还在不断拓展，很多技术都超越了人的"视觉"和"感觉"。

形象地比喻，无人机就是一个"超人"，不仅能够飞行，而且拥有超人的智慧和力量。

◎ 第三节 无人机调查的工作思路

无人机调查，并不是完全依赖于技术的数据采集，它同样需要有精准的案头准备和筹划工作。明确调查目的、调查内容、调查对象、调查时间，最好列一份调查清单。

无人机调查的方法很多，其基本的架构是"无人机＋调查清单"。"调查清单"的设置要有"可视性"和"全貌性"，尽量是客观存在的真实场景，不要设置成了"面对面"的头脑风暴式的"调查问卷"。

以"无人机城市调查清单"为例——

1. 城市交通调查：高峰期重点路段的拥堵车辆数，具体是哪个时段、拥堵原因是什么……

2. 公共服务设施调查：公园、公交、夜市的运行，摊位数、人流数、各时间段人数……

湿地调查

3. 违章建筑调查：楼顶私搭私建房屋、私拉电线情况……

4. 车辆乱停乱靠调查：乱停位置，是否有交警进行处罚……

5. 中小学校园边界调查：边界模型，是否有翻越迹象……

这张清单所列出的都是真实的三维立体实景。以城市交通调查为例，通过无人机所搭载的相关技术，可采集到城市交通堵点的通行车辆数量和车牌编号、什么时候开始堵、什么时候开始缓解。通过反复采集和比对，可以找到堵点的形成原因及解决的具体办法。

无人机调查具有快速响应、全天候监测、高效覆盖、实时传输、精确测量的优势，能大幅度降低人力和物力成本，因而在各个领域中都展现了巨大的潜力和价值。

无人机调查的方式，可以定量定点抽样，也可以全天候跟踪采集、实时调整管理等。

◎ 第四节　主观性场景与客观性场景

根据无人机的"上帝视角"特性，我们把无人机调查场景分为主观性场景和客观性场景两大类。主观性场景类似于电影的主观镜头，以"我"的所见为主，主要调查的是城乡综合管理局面；客观性场景也是"我的所见"，但突出不以人的意志为转移的"客观存在"，重点调查包括工农业在内的各种生产生态场景。二者相比较：

主观性场景：数据不稳定，有一定的随机性与可变性。如城市管理调查、城市环境调查、农村污染调查、空心村调查等等。

客观性场景：资源客观存在，可以反复比对调查。无人机资源调查，主要是利用无人机搭载的各类传感器和设备，对特定区域内的存在资源进行高效、精确和全面的信息采集与深入分析。场景多种多样，技术手段因时因地制宜，不拘一格。

　　列举几种场景。

场景一：土地资源调查

利用高分辨率相机或多光谱传感器，获取土地利用类型、土地覆盖状况、土壤侵蚀情况等信息；绘制高精度的土地边界和地形地貌图。

千户苗寨调查

场景二：森林资源调查

通过遥感技术和激光雷达技术测量森林面积、郁闭度、树木高度和直径；监测森林火灾隐患和病虫害发生区域；评估森林的健康状况和生物量。

场景三：水资源调查

通过遥感技术对河流、湖泊、水库等水体进行监测，获取水域面积、水位变化、水质参数等；调查水生态系统和水岸线的变化情况。

场景四：矿产资源调查

通过地质遥感技术，探测矿产的分布和潜在储量；对矿区的地形和开采现状进行监测。

场景五：农业资源调查

利用多光谱和高光谱传感器技术以及红外成像技术，评估农田的作物长势、病虫害分布；监测农田灌溉情况和土壤肥力。

场景六：生态资源调查

通过遥感监测技术、摄影与成像技术，观察野生动物的栖息地和活动范围；记录生态保护区的生态变化趋势。

场景七：海洋资源调查

无人机搭载多光谱相机和遥感传感器监测海岸线的变化、海洋污染情况，勘察海洋渔业资源的分布。

场景八：灾害与应急资源调查

在灾害发生后，采用无人机遥感技术快速评估灾害损失，如房屋倒塌、道路损坏等情况，为应急救援提供实时资源分布信息。

场景九：古村落调查

无人机在古村落调查中的应用涵盖了从三维建模、数字化呈现到考古发现等多个方面，它们的使用不仅提高了工作效率，还为古村落的保护与研究提供了新的技术和方法。

场景十：林权林地调查

相比传统调查，无论是林权林地调查还是土地确权调查，无人机具有十分明显的优势。不仅调查效率与准确性有大幅提高，而且降低了调查成本，减少因为调查而造成的对环境的干扰和破坏，降低调查过程中对森林生态系统的影响。

◎ 第五节 来自现代农业调查的场景案例

案例一：精准农田测绘与土壤分析

在某大型农场，使用搭载多光谱相机和激光雷达的无人机进行农田测绘。通过多光谱相机拍摄的图像，准确区分了不同肥力的土壤区域，

作物病虫害监测

并结合激光雷达生成的高精度地形模型，绘制出详细的农田地图。这为后续的精准施肥、灌溉规划提供了基础数据，提高了肥料和水资源的利用效率，降低了农业生产成本。

案例二：作物病虫害监测

在一片大规模的小麦种植区，定期使用配备高分辨率可见光相机和热成像相机的无人机进行巡查。可见光相机能够拍摄到作物叶片的颜色变化和形态异常，而热成像相机则可以检测到因病虫害导致的作物体温异常。通过对这些图像的分析，及时发现病虫害的迹象，并准确标注出受影响的区域，使得农户能够迅速采取有针对性的防治措施，有效控制了病虫害的扩散，减少了农作物的损失。

案例三：农作物生长监测与产量预估

在一个水果种植基地，利用搭载多光谱相机的无人机定期采集果树的光谱信息。通过分析不同波段的反射率变化，监测果树的生长状况，

包括叶面积指数、叶绿素含量等指标。在果实成熟前，结合历史数据和机器学习算法，对水果的产量进行预估。这为果园的采摘计划、市场销售安排提供了科学依据，提高了果园的经营管理水平。

案例四：农田灌溉管理

一块具备灌溉条件的农田，使用无人机搭载湿度传感器进行监测，获取了农田不同区域的土壤湿度数据，绘制出湿度分布地图。根据这些信息，优化灌溉方案，只对缺水区域进行精准灌溉，避免了过度灌溉造成的水资源浪费和土壤盐碱化问题，实现了高效、节水的农田灌溉管理。

◎ 第六节 无人机独立调查的创新之路

科技快速发展，无人机技术与人工智能（AI）相融合不断创新，在调查领域展现出独特的优势与潜力。不仅在获取信息、监测环境、探索未知等方面提供了"上帝视角"，还将以"独立调查"的身份定位成为调查研究的客观选择。

独立调查是它的技术优势，也是它的权益担当。

唯其独立，无人机或将成为调查的标配工具。

但是，独立并不是独揽，更不是独斗。

恰恰相反，无人机的独立调查尤其需要技术创新与集体研究。

首先是人机协同的创新。

人机协同的创新主体还是人。以人为本，定点规划要做到内容明确，清单列表要力求条目清晰，没有偏失。调查的目标场景，要求是可识别可触摸的实景三维场景。以环境调查为例，无人机通过搭载各种先进的传感器，快速而准确地收集到大气、水质、土壤等多方面的数据，才是决策者所需要的客观依据。

其次是技术融合的创新。

云端上的大围山　摄影：詹鸣

无人机调查的创新不仅体现在应用领域的拓展，也体现在技术手段的不断升级。先进的飞行控制系统、高精度的定位系统以及智能化的数据处理算法，使得无人机能够在复杂的环境中自主飞行、精准定位和高效采集数据。同时，多光谱、高光谱等成像技术的应用，让无人机能够捕捉到人类肉眼无法察觉的信息，大大提高了调查的准确性。

　　无人机调查的创新不只是某一项技术的领先，而且是多项技术的融合。

　　再次是法律法规的创新。

　　人机协同调查的创新之路并非一帆风顺。在实际应用中，法律法规的不完善导致无人机飞行存在一定的限制；数据安全和隐私保护问题也亟待解决。

　　种种挑战，都是创新与发展的必过之坎。

第十四章

无人机科学研究应用场景

AI 制图：中国无人机在太空

有人把无人机当玩具，有人把无人机当工具，有人把无人机当平台，有人把无人机当自由飞行的空中平台，有人把无人机当"空中机器人"——人们认为它无所不能。

无人机是空中"飞人"，既受命于人，亦超越于人。

所以，无人机科学研究，不只是在实验室内的技术开发，也不只是在车间里的产品调试，有时甚至不是针对无人机本身而是将最新科学技术融入人类社会的发展进步之中，融入生产与生活的各种场景之中，融入文化、伦理、道德、法律、宗教甚至哲学等诸多学科之中。

无人机之所以被誉为"空中机器人"，是因为它集成了多学科和多领域的理论与技术，蕴含新质生产力的智能特质，是第四次工业革命的热点。

一次次现代科学技术的进步，都在接受了生产与生活的检验之后沉淀；而一次又一次的检验过程，无疑都是多学科、多领域的融合相生。

无人机科学研究，不仅是在实验室内的产品研发，也不仅是在车间里的生产调试，有时甚至不是针对无人机本身，而是将最新科学技术融入人类社会的发展进步之中，融入生产与生活的各种场景之中，融入文化、伦理、道德、法律、宗教甚至哲学等诸多学科之中。

本章，我们从技术和应用两个层面来解读无人机科学研究。

◎ 第一节　基本认知

了解无人机科技并不难。

我们从"飞起来"和"用起来"两个方面来切入。

先看"飞起来"需要哪些技术支撑——

动力系统技术：包括电机、螺旋桨和电池等组件，为无人机提供飞行所需要的动力。

飞行控制系统：这是无人机的核心，由传感器（如陀螺仪、加速度计、磁力计、气压计等）、微控制器和控制算法组成。传感器收集无人机的姿态、速度、位置等信息，微控制器根据预设的算法和用户输入的指令，计算并输出控制信号，调整电机的转速和方向，实现稳定飞行和各种动作。

通信技术：用于无人机与地面控制站或移动设备之间的数据传输，包括射频通信、蓝牙、Wi-Fi 等。通信技术确保了控制指令的准确传达和图像等数据的实时回传。

导航系统：常见的有全球定位系统（GPS）和惯性导航系统。GPS 提供无人机的精确位置信息，惯性导航系统则在 GPS 信号不佳时，依靠内部传感器维持短时间的导航精度。

机体结构与材料技术：无人机的机身结构设计要考虑重量、强度和空气动力学等因素。采用轻质高强的材料，如碳纤维复合材料、铝合金等，既能减轻重量，又能保证结构强度。

电池管理系统：监控电池的电量、电压、电流和温度等参数，确保电池的安全使用和高效充电，延长电池寿命。

云台稳定技术：当无人机搭载相机或其他设备时，云台可以通过电机控制，减少机身的晃动和震动，保证拍摄画面稳定清晰。

再看"用起来"搭载了哪些常用的高新技术——

自主飞行与智能控制：开发自主飞行算法，使无人机能够根据环境变化自主决策和执行任务。

多机协同与编队飞行：研究多架无人机之间的协同工作和编队飞行

技术，提高任务执行效率。

AI 技术：无人机搭载 AI 技术，使无人机智能从"感知"向"认知"飞跃。场景的差异和算法的不同，正是无人机科学技术不断探索的地方。

根据不同场景的应用需求，无人机还搭载有高清数码相机、多光谱相机、高光谱相机、激光雷达热成像相机等高新技术设备。这些在前一章"无人机独立调查"里已经介绍，不再赘述。

基本技术认知，对于"用对、用好、用活、用足"无人机大有帮助。

如何"用对"呢？

用对无人机不仅需要经验的积累，也需要技术知识的储备。"用对"先需要"选对"，包括型号、功能、精细度、电池续航时间、搭载技术等等。常言道，用对无人机也算半个行家。相反，如果用"航测"无人机去进行"航拍"，一字之差，谬以千里。有些人工操作很难的工作，通过无人机就变得轻而易举。"轻而易举"，就是"用对"了。

如何"用好"呢？

"用好"需要对应用场景进行分析。从场景的勘测、定点、目标的确定到实施方案的制订，一条龙的闭环设计不可或缺。科学的规划与专业的执行同步，是"用好"的前提。

人机协同，事半功倍，成本降低，就是"用好"了。

有人说"用对、用好"的是行家，"用活、用足"的是专家。

如何才是"用活、用足"呢？

这是一个认知问题。有人把无人机当玩具，有人把无人机当工具，有人把无人机当平台，有人把无人机当自由飞行的空中平台，有人把无人机当"空中机器人"——人们认为它无所不能。

无人机是空中"飞人"，既受命于人，也超越于人。

所以要"用活、用足"它，还需要了解无人机的另一个优势：搭载。搭载了高清相机，它就是会飞的摄像师；搭载了激光雷达，它就是会飞的测绘师；搭载了多光谱高光谱相机，它就是会飞的资源勘测师……

了解无人机基本科技，可以用活它；懂得无人机多学科多领域的技术融合，能够用足它。用活并用足无人机，需要不断探索与实践。

中国自主研发的太阳能无人机可以飞行数月

◎ 第二节　全球态势

放眼望去，从全球无人机研制的区域市场构成来看，世界无人机市场主要集中在北美和欧洲地区，分别占比 54% 和 30%。在军用无人机方面，美国和以色列的技术遥遥领先。

撇开军用民用的分界，纯粹从无人机科学研究来分析，目前世界上无人机技术最为先进的是美国、以色列和欧洲各国，处于第一梯队；第二梯队是中国、俄罗斯等国家。中国经过近 10 年的奋力追赶，相继研发出各款尖端无人机，拥有了美国所有类型的尖端无人机，但在军用无人机方面还不能与美国掰手腕。

来自湖南省无人机行业发展战略研究院整理的资料显示：全球排名前 5 位的军用无人机研制厂商中，美国企业占据了前 3 名，无论是产销规模还是市场份额都领先很远。军用无人机市场份额的全球排名，美国第一。

而在民用无人机方面，美国没有优势。近 10 年，全球民用无人机市场快速增长，消费级和工业级无人机的总销量更是猛增。其中消费级无人机市场是工业级无人机的两倍左右，并且每年增长 50%。

中国的大疆创新无疑是全球消费级无人机领头羊，占据全球消费级无人机市场七成以上的份额，在全球民用无人机企业中长期稳居第一，与美欧掰掰手腕完全没有问题。

中国的民用无人机无论是技术还是市场份额都有巨大潜力。随着无人机应用场景的细分，世界各国都非常重视无人机技术的个性化研发，

美国全球鹰无人机

并且投入了大量资源。总体来看，世界无人机技术的发展并不均衡，军用技术与民用技术也存在差异。技术的先发优势与后来者之间的差距会保持相当长的一段时间。因而，中国无人机技术与无人机文化的输出是必然的，指日可待。

在当今激烈的科技与市场竞争中，这是个难得的机遇。

◎ 第三节　中国优势

进入2024年，中国大力推动低空经济战略，全国各地纷纷响应落地。中国无人机在研发生产以及应用方面发展迅猛，经过 10 年磨剑，已经形成了独树一帜并影响世界的中国优势。

一、强大的产业链与产业集群优势

10年以来，中国在无人机技术领域具有很强的自主研发和生产能力，在核心的云平台、飞行控制、任务载荷、图像传输、续航、避障等领域取得了关键突破，正朝着智能化、协同化、集群化高速发展。

10年以来，中国还拥有完整的无人机产业链，包括零部件制造、整机组装、软件开发等环节。得益于"中国制造"强大产业链体系，无人机研发生产不仅效率高、成本低，而且能够快速响应国际国内的市场。

10年以来，中国出现了被誉为"全球无人机之都"的深圳，它和以深圳为核心的珠三角地区是中国重要的无人机研发、生产制造中心，无人机生产数量居全球首位，形成了完善的无人机产业生态链和较强的无人机产业集群优势，是无人机技术的引领者。以深圳辐射全国，以无人机产业链带动低空经济产业链，以产业链推动新技术革命，强劲的"中

中国翼龙无人机

国优势"正在形成。

二、高速增长的市场与巨大的应用需求潜力

中国民航局发布的数据显示，截至 2023 年底，我国已有超 126 万架无人机，同比增长约 32%。另据《通用航空产业发展白皮书（2022）》，全球民用无人机市场规模 2025 年将达到 5000 亿元。其中，中国无人机销量已经占据全球 70% 的市场份额。

预计到 2024 年，国内无人机应用市场规模将达到 1600 亿元，其中快递物流领域规模就将接近或超过 300 亿元。未来 5 年，中国无人机市场规模将突破万亿产值；未来 10 年，市场规模将达到 3 万亿至 5 万亿元。

庞大的国内市场，不仅为无人机产业提供了广阔的发展空间，还推动无人机科学技术研究的创新发展和产业升级。

三、世界一流的科研水平与全球最广的应用场景优势

中国的无人机研发力度以及技术水准均达到了世界一流水平，有些方面甚至已经超过了美国。中国在无人机科学技术方面不仅有高精尖的科研机构，还有产学研一体的大专院校人才资源，具有世界领先的综合实力。

与之相匹配的还有全球广泛而又细分的应用场景。海量的场景为无人机在植保、物流、安防、监测、巡检等领域提供了充足的资源，为无人机高新技术的功能测试、成本测试、效率测试及市场检验提供了足够的场景条件。

四、低空经济全面推进与国家政策大力支持优势

无人机作为低空经济的主体产业和新质生产力的典型代表，受到中国政府的高度重视。从中央到地方对无人机产业均给予了大力支持，并寄予厚望。全国各省市自治区，无一例外地出台了一系列"吹糠见米、起网见鱼"的有力措施，包括政策支持、技术创新、应用创新以及法规完善等等，为无人机科学研究及低空经济的发展奠定了坚实的基础。无人机创新发展的中国优势，从国家战略层面得到保障。

◎ 第四节　主题场景

无人机应用研究的场景极其庞杂，有实景也有虚景，有眼前也有未来，有物质也有精神。在这里我们以"主题场景"立论，期望广大科技工作者能借"题"发挥，举一反三。

主题一：科技创新与艺术融合

无人机航拍是使用无人机，也就是遥控或自主控制的飞行器，携带相机进行空中摄影和摄像的一种活动。无人机航拍是一种空中影像拍摄技术，是技术与艺术的融合，其中的"航"是技术，"拍"是艺术。

无人机航拍已经普及，但所见应用研究大都止于技术的推广，深入的理论研究存在一定局限。

例如，无人机航拍团队搭建的编导缺位研究。

航拍编导是个学科问题，目前国内外没有"航拍编导"这个提法。

太阳能无人机可连续飞行数万公里

行业没有相应的标准，高校还没有开设这一门课程。

很多时候，我们看到一个人用无人机拍出了高水平的作品，这是因为他具备了一个编导的素养，同时又具备了一个飞手的技术，能够一个人胜任两个人的工作。航拍编导的缺位，导致创意不足、执行力不到位、效率低，甚至直接影响作品的质量和效果的情况频频发生。

又例如，高光谱、热成像技术与航拍相机融合，解决夜景弱光下航拍的问题。因为更多目光投向行业应用，而忽略了无人机影视航拍技术本身的融合开发。

再比如，全国无人机航拍从业人员规模将突破150万，在自主创业、视频文创、文旅宣传等方面所发挥的作用与产生的影响巨大。在低空经济产业政策中，如何体现对高技能航拍人才和高品质航拍作品的激励，是一个值得研究的课题。

短距离物流

主题二：低空产业与人间烟火

在第六章"应用场景——无人机物流"里，我们提出了"单控式短距离物流"的无人机场景概念。单人操控，因地制宜，随机应用，超低可视，是短距离物流的特征。

这种"单控式"短距离物流起初主要在农（渔）村应用，目前广泛应用于房前屋后、田间地头等场景。试想，无人机技术应用到了田间地头，高科技是不是就有了烟火气？事实已经证明，"单控式短距离物流"高效便捷，有效解决了劳动力缺乏问题，深受欢迎，而且已经遍地开花。

低空产业的发展，一方面要大力推动低空交通运输、低空救援等产业的发展，一方面要研究解决生产与生活之困的场景。类似于无人机"单控式"，机动好、效率高、成本低。

但是问题又来了：既要增加无人机载重，又要降低无人机销售价格，这对矛盾如何解决呢？

答案是：场景开发、产品研发、政策研究缺一不可。

主题三：AI 算法与创新应用

AI 算法是一种人工智能算法，是计算机认知世界的另一种方法。数据、算力、算法是必不可少的三个要素，"数据"是算法的前提。AI 算法的数据来源主要取决于应用场景和多元数据的累积。

不同场景的数据从何而来？

简单地讲，通过场景应用的创新开发和数据采集而来，算法源于场

无人机校园巡检　图片来源：央狐网

景又服务于场景。AI 的接入使无人机具有了认知能力，但是这种能力来自场景数据。数据源于生产与生活的长期积累，需要在坚持探索与经验之中平衡。

例如，巡检、监测、物流、安防、航测等等，虽有不同场景的大模型，但是具体的场景还需要应用开发。同样是校园安防，"封闭式"校园与"开放式"校园的场景算法就大不一样，以此类推。

主题四：低空交通与低空规划

低空开放，载人与非载人无人机往来交织，天空繁忙，低空经济的未来如期而至。美好的愿景与低空的现实和谐共存，低空管理势必要先行。

低空管理的内容复杂而严苛。空域、航线、机场、起降点、地面监控、安全保障等等，每个项目都关乎无人机的安全飞行。

eVTOL 载人无人机的研发与应用推进迅猛异常，但是应用场景的

eVTOL 载人无人机 摄影：肖克

研发需要同步跟上。有序的空中航线与连通的地面起降点相呼应。只有拥有连点成片、连片成网、地天协同的低空管理，低空安全飞行才会井然有序。

想飞就飞，从哪里起到哪里降？

低空规划研究的复杂性与长期性从这里开启。

主题五：低空飞行与道德伦理

从安全角度来看，低空飞行可能对地面人员和设施构成潜在威胁。如果飞行员未能严格遵循安全规定和操作标准，一旦发生事故，可能导致无辜生命的丧失和财产的损失。特别是 eVTOL 载人无人机是自动自主飞行，无人驾驶，一旦发生事故，责任的划分既有操作规章问题，也有职业道德问题。

所以，飞行驾照获取是一回事，职业道德合格又是一回事。

从环境方面来看，低空飞行可能产生噪声污染，吸引群众围观，干扰居民的正常生活和生态环境，需要权衡航空活动的需求与公众的安宁、生态保护之间的关系。

从隐私角度来看，低空飞行可能侵犯个人的隐私。例如，使用特定设备进行低空侦察可能窥探到人们不愿公开的私人活动和场所。

从舆情管控方面来看，如何管控好舆情，要有周密系统的预案。如何处理好低空飞行中的突发事故？又如何管控好借题抹黑低空出行的"恶意"？

从公共资源分配上来看，低空飞行所需的空域管理和资源分配也存在道德考量。如何公平合理地分配低空空域资源，以满足商业飞行、救援行动、个人娱乐飞行等不同需求，需要遵循公正和公共利益的原则。

综上所述，低空飞行研究不仅是一个技术研究、空域管理研究问题，还涉及伦理道德的研究课题。伦理道德是一种行为规范，它依靠的是自

我约束。而当自我约束乏力的时候，就需要有健全的法律法规和行业标准的规制。

伦理道德与法律法规的研究，将伴随着低空飞行穿云破雾。

eVTOL 混合翼运输无人机 摄影：詹鸣

第十五章

应用场景——低空飞行教育

只有"飞起来"，天空才会"忙起来"。

"飞起来"的舞台主角是飞行人员。在低空经济发展进程中，飞行人员扮演着至关重要的角色。他们不仅是保证低空飞行安全的关键因素，也是推动低空经济发展的核心力量。

低空经济依赖低空人才。

目前低空人才的紧缺与国家顶层规划的预期尚存在较大的差距，所以要给低空人才的到岗到位预留"成长档期"。

浙江建德航空小镇——模拟飞行体验

◎ 第一节　警惕"传统人才"匹配"低空产业"的误区

低空经济是跨界融合式的，它涵盖了几乎所有领域。

所有的领域"用起来"，先需要专业人才"飞起来"。

无论是航空飞行员、机务维修人员、无人机操控员、装调检修人员、空管人员，还是飞行器技术研发人员、运营管理人员等，都需要具备专业的技能。

但是目前，无论是在数量上还是质量上，能够满足低空经济发展需求的人才十分有限。有资料显示，目前仅无人机操控员的人才缺口就高达100万，而无人机装调检修工的人才缺口更是达到了惊人的350万。

低空专业人才是专业技能与实践经验的结合，非一朝一夕可以培养而成。

海上搜救直升机

塔台模拟机房——浙江建德航空小镇

用传统的"人才"匹配"产业"思维方式，会走入误区。

误区一：以政策代替低空人才

低空经济依赖低空人才，而目前低空人才的培养与国家顶层规划的预期尚存在较大差距，所以要给低空人才的到岗到位预留"成长档期"。想象着只要出台一个好的政策，所需人才就会被吸引过来，可能性较小。

误区二：以学历代替应用技能

低空人才讲求实际应用操作，例如一名合格的飞行员、无人机操控手、装调检修工，非三五年不成。低空人才又以技能型人才最为稀缺，而不是缺高学历人才。

误区三：以引进代替本土培养

引进人才主要是针对航空器的科学技术研究。应用型人才的理想形成方案是以本土培养为主体。本土人才，熟悉生产环境与风土人情，沟通方便，价格亲民，工作高效。

误区四：以智能代替人工操控

载人与非载人飞行器的高度智能化、自动化与自主化，并不是完全脱离了人类的操控意志。无论是低空交通、救援、物流还是无人机多场景应用，智能技术所填补的是人工的粗放与低效，而不是完全代替人工操作。相反，一些领域的技术操控还对人工有更高的技能要求，如救援、航拍、无人机运动等等。

◎ 第二节　通用航空飞行人员

天空要"忙起来"，先要"飞起来"。

"飞起来"舞台主角是飞行人员。在低空经济发展进程中，飞行人员扮演着至关重要的角色。他们不仅是保证低空飞行安全的关键因素，也是推动低空经济发展的核心力量。

通用航空的飞行人员，包括以下六个类别——

1. 商务航空飞行员

商务航空飞行员是执行公务飞行、私人飞行等商业任务的飞行员，包括但不限于私人飞机、直升机等。

2. 教育训练飞行员

教育训练飞行员也称飞行员教练，帮助学员获得不同的飞行执照和等级。

3.应急救援飞行员

应急救援飞行员参与各种紧急情况的飞行救援任务，如医疗救护、抢险救灾等。这类飞行员需要具备快速反应能力和良好的心理素质，以应对突发事件。

4.工业航空飞行员

工业航空飞行员使用载人和非载人航空器设备，如无人机和无人艇，执行特定的工业任务，如无人机植保、航拍、安防、巡检、测绘、检测、竞速运动等。

5.科研飞行飞行员

科研飞行飞行员参与科学实验、遥感测绘、气象探测等科学研究飞行活动。

6.体育竞技飞行员

体育竞技飞行员参与空中表演、文化体育等活动。

◎ 第三节　飞行教育场景

场景一：社会教育

这里的社会教育是狭义的，指学校和家庭以外的社会文化机构以及有关的社会团体或组织所开展的低空飞行教育。社会教育的内容是低空行业从业人员比较关心的内容，例如《无人驾驶航空器飞行管理暂行条例》与各地出台的政策与法规。

场景二：学历教育

北京航空航天大学，是中国最早设立的以航空航天为特色的大学之一，简称"北航"。紧随"北航"的还有"南航"（南京航空航天大学）、"沈航"（沈阳航空航天大学）以及中国民航大学等本科院校。据统计，全国以"航空"命名的职业大专院校共20所，开设的与低空产业相关的航空专业、无人机专业日趋成熟。

有关低空飞行的学历教育中，本科侧重于航空航天理论，专科及中专偏向于职业技术能力培养。

校企合作、产教融合是低空飞行人才培养的成功模式。学校与企业共建专业。以天空为课堂，以场景为教材，零距离对接低空经济人才需求，学以致用，前景十分广阔。

场景三：职业技能培训与认证

我国低空飞行人员职业技能认证，大体有如下四种：

1. 民航部门的认证

中国民用航空局（CAAC）无人机执照——由中国民航局飞行标准司直接签发。

2. 人社部门的认证

《无人机驾驶员职业技能等级认定》是我国第一个由官方发布的关于无人机驾驶员的职业技能等级标准。根据这个标准进行"无人机职业技能等级"评定，分无人机驾驶、植保、巡检、安防、物流五个工种，每个工种分初级、中级、高级、技师、高级技师五个等级。

"无人机运动与应用"飞行理论教学

3. 教育部门的认证

由教育部、国家发展改革委、财政部、市场监管总局联合推行的 1+X 认证是一种职业教育培训评价模式，它指的是"学历证书 + 若干职业技能等级证书"。在这个体系中，"1"代表学历证书，"X"代表若干职业技能等级证书。

4. 行业协会认证

由中国航空器拥有者及驾驶员协会（AOPA-China）颁发的（AOPA）无人机合格证。

由中国航空运动协会颁发的（ASFC）飞行员执照。ASFC 有三类航空器的考试级别，分别是 A 类固定翼、C 类直升机、X 类多旋翼。

由中国航空运输协会通用航空委员会和中国成人教育协会共同颁发的慧飞无人机应用技术培训中心（UTC）无人机合格证。UTC 是大疆创新的全资子公司，主要为客户提供无人机培训服务。

场景四：飞行员培训

飞行员培训的内容主要包括飞行理论、飞行技能、飞行安全等方面。培训方式可以分为地面培训和实际飞行培训两种方式。培训时间根据所担任的职务和任务程度有所不同，通常为一个月至两年。

飞行员执照大致可以分为以下几种类型：

1. 运动类驾驶员执照（SPL）：持有该证的飞行员可以进行我们平时常见的农林作业、医疗急救、抢险救灾、气象探测等飞行活动。

2. 私用驾驶员执照（PPL）：主要用于私人飞行或娱乐。

3. 商用驾驶员执照（CPL）：是一种允许持有人作为飞机的飞行员，并获得报酬的资格。

4. 航线运输驾驶员执照（ATPL）：是飞行员在航空公司担任机长之前需要取得的执照。这一执照不但要求驾驶员具有扎实的理论知识，并且需要至少 1500 小时的飞行里程。

5. 多人制机组驾驶员执照（MPL）：学员从零基础到航线副驾驶，不像传统那样按照私照、仪表、商照的步骤来学习，而是把这些知识整合到一个大纲，学员学习完毕后只拿 MPL 执照。

场景五：航空科普基地

传统概念上的"航空科普"是以航空为主题，面向大众普及航空航天科技知识的一种活动，形式有图书、视频、讲座以及实景体验。进入低空经济时代，航空科普的内涵变得丰富起来。除原有航空科普内容之外，还增设了以下两方面的内容——

建德航空小镇飞翔广场

长沙宁乡正中航空科普基地

一、低空及低空经济常识普及。由于低空经济的科技含量较高，因此推广普及尤为重要。以航空科普基地为平台，面向全社会普及低空与低空经济的概念、低空经济的产业链构成、低空产业的应用场景，以及国家大力发展低空经济的支持政策。

二、无人机科技及飞行体验。

无人机科技应用于各行各业，推动着社会经济发展。通过科普活动，让人们了解无人机技术的应用价值；通过无人机飞行体验，人们切身感受无人机的实用功能，拓宽视野，拥抱未来。

有条件的基地可以打通低空教育产业链，创新科技应用场景，如申办飞行员培训基地、无人机操控员考证基地、航空运动赛事举办基地、无人机研学基地等。

场景六：飞行俱乐部与低空讲习所

飞行俱乐部有其特定的历史渊源。

飞行俱乐部的概念可以追溯到航空业的早期。最早的飞行俱乐部之一成立于 1942 年的美国，名为 Wings Club，它的成立是为了给二战飞行员提供一个休闲小憩的地方，并且成为一个对航空航天爱好者友好的非营利性组织。飞行俱乐部不仅是一个社交场所，它还对航空航天事业产生了深远的影响，许多著名的飞行员和航空产业的精英都是飞行俱乐部的会员，这个传统延续至今。

现代飞行俱乐部不再局限于传统的社交和航空事业，还开始涉足通用航空和私人飞行领域，不仅为航空爱好者提供学习交流的平台，还为

位于长沙贺龙体校的湖南低空产业讲习所

民众提供高端出行的飞行体验服务。

低空产业讲习所是湖南省和长沙市两级无人机协会联手推出的新概念基地，讲习所里有"低空讲座"的内容。与讲座有所不同的是，讲习所有固定场景，定位是"道与技"双修的非营利性活动基地，在进行学术交流的同时，尽可能提供飞行实践体验。

场景七：新型师徒传承

新型师徒传承是相对于传统的师徒传承而言的。传统师徒关系，师傅在传授知识时有所保留，还要保持师道的优势地位；而新型师徒体现的是平等互助，注重知识的全面传授以及共享。

新型的师徒关系，不仅有助于传承和创新技术，也有助于改进和创新科技装备，师徒二人共同解决场景中的技术难题。新型师徒教与学，

长沙市贺龙体育运动学校创办于 2023 年的无人机运动与应用专业，是国内首个"无人机运动＋应用"专业，采用"1+3 师徒传承"的方式进行教学与实训，即 1 名专业老师带 3 至 5 名学生徒弟

以手把手、一对一的传授方式，不仅适用于偏远地区的技术教学，也适用于难度较高的飞行技术教与练。

场景案例：梦想飞起来

（长沙市贺龙体育运动学校无人机运动与应用专业）

无人机运动与应用专业，是湖南省无人机行业协会与学校建设委员会历经长达两年的时间研究与开发的，目前是全国唯一的"无人机运动＋应用"专业。开发的初心，就是紧扣贺龙体校的运动人才培养特色，同时融入"无人机运动"。在课程设置上，无人机运动、无人机应用、无人机影视三方面内容有机融合，教与学都比较顺畅自然。

梦想飞起来，是这个专业的宣传口号。

"无人机运动＋应用＋影视"，实现了学校体教融合的创新突破。在人工智能的大背景下，突出无人机运动特色，以无人机国际、国内重大赛事获奖为导向，为国家队输送无人机运动竞速的拔尖人才。为了体现无人机的应用特色，将无人机驾驶、植保、巡检、安防、物流五个方面的职业技能进行优化式教学与实训。

与此同时，协会还将湖南广电相关资源调动起来，尝试开设无人机影视课程，深受学生喜欢。

这样设置的目的，一是体现无人机技术与艺术相结合的功能性特点，二是让学生更广泛地了解无人机的应用领域。

还有一个想法就是——

三年之后，学生若想升学，接续专业多；若要就业，可选择行业广。

无人机运动与应用专业的学生穿越机实训

第十六章

应用场景——低空文化建设

　　家喻户晓的"嫦娥奔月"神话，表达了古人对月球的无限遐想；藏在石窟壁画里的飞天图，是佛家追循天道自由与快乐的大彻大悟；那飞翔在九天之上拥有神奇力量的玄女，是古人向天借力借智、向人间传递智慧和战术的奇伟构想；盘古开天辟地的故事，虽然不是飞行的神话，但那天地分离时的震撼，表现了人类向未知领域进发的勇气和力量。

　　从"天地玄黄"的世界里淬炼出来的中华飞行文化，一开始就烙上了开天辟地、自律自由、永不言败的精神特质。

◎ 第一节　低空文化的基因

低空文化是一个新概念，概念里蕴含着几分诗意。

它并非来源于传统的文化分类，而是随着低空经济发展而产生的新兴文化形态。低空文化与低空经济紧密联系又相互影响。低空文化因低空经济发展而繁荣，低空经济又因低空文化建设而发展。

无论是低空文化还是低空经济，它们都有两个共同的属性：一个是"天空"，一个是"飞"。当低空经济刚刚萌发的时候，就有人提出了两个诗意的概念：

一个叫"云端上的文化"；

一个叫"翅膀上的文化"。

结合低空经济的内容探索低空文化，我们发现它的基因里有安全文化、飞行文化、创新文化以及商业文化等等。

而其中——

安全文化的核心是低空安全意识的养成。内容涵盖飞行员培训、航空器安全检查、低空飞行操作规范、飞行服务保障等等。低空文化的基因里，安全文化最为重要。

飞行文化指与飞行活动相关的认知、体验、普及、推广。包括飞行器的设计、制造、使用，与飞行相关的政治、经济、社会、伦理道德、心理健康等等。飞行文化的形成经历了漫长的历史。最早的飞行文化可以追溯到古代人类对飞翔的向往和不断尝试。在发达国家，飞行文化尤为盛行，其中"飞行者精神"是飞行文化的核心，它代表着个人对飞行的向往与探索。

创新文化指低空文化的新思维、新技术和新的应用场景。

商业文化指低空经济带来的商业模式和商业机会，如低空交通、低空物流、低空救援、低空教育等等。低空商业文化的形成促进了低空产业的繁荣。

◎ 第二节　低空文化的几种形式

或许，未来低空文化的形态将超乎我们的想象。现在我们所看到的低空文化已初现端倪，有相对成熟的，也有正在形成的。大体有以下几种形式：

第一种：低空学术交流

围绕低空产业的技术研究与学术交流早已深入开展，其主题与内容林林总总。如通用航空产业、无人机产业、遥感技术、航测技术、图传技术、低空物流、低空交通、低空运动、气象学等等。

我国每年举行的省级及以上以低空经济为主题的各类学术交流活动、高峰论坛不计其数。2024 年，仅深圳世界无人机大会期间举办的论坛就有 40 多场，与会中外院士 70 多位，中外演讲嘉宾 400 多位。

低空学术交流对于推动低空经济的发展具有重要意义。通过学术交流，促进技术创新和成果转化，加强行业内的合作与资源共享，对推动低空经济的相关政策出台也起到了积极作用。

2024 世界无人机大会高峰论坛

第二种：低空产业博览

近年来，全球性的低空经济产业博览会层出不穷。相对而言，我国是低空经济的热场主场，由省级政府牵头举办的主题鲜明、规格高、亮点突出的"博览会"纷纷亮相，备受关注。

有人说，2024 年是低空经济"元年"。

从下面列举的几例不难看出，国内的展会、博览会基本上以"低空经济、无人机、低空飞行"等为主题词来展开。

例 1：中国（珠海）国际航空航天博览会

是我国唯一由中央人民政府批准、逢双年在珠海举办的综合性国际航空航天展览。

例 2：2025 中国（杭州）国际低空经济博览会

由浙江省人民政府、杭州市人民政府、杭州市投资促进局、浙江省无人机协会主办。

主题：低空蓝海，成长可期。

例 3：世界无人机大会

世界无人机大会是一个全球性的无人机产业交流平台，它不仅是无人机技术展示的窗口，也是行业专家、学者、企业家共同探讨无人机产业发展趋势的重要场合。

自 2017 年以来，世界无人机大会已连续在深圳举办了八届。

例 4：中国国际低空经济产业博览会

通常在特定的时间举行，2024 年的展会定于 11 月，在深圳举行。

世界无人机大会

例 5：2024 青岛国际空天－低空科技展览会

主办单位为中华人民共和国科学技术部、山东省人民政府。

内容：专注于整合空天－低空科技领域创新产品、技术、解决方案及商业合作模式。

例 6：重庆国际低空经济与无人机系统展览会

内容：展示低空智能制造、低空飞行服务、低空保障服务等各类与低空经济相关的技术和产品。

例 7：LAE SHOW 2024 亚太国际低空经济产业博览会

主题：抢滩新赛道、塑造高质量、发展新动能。

第三种：低空标准化建设

低空标准化建设是推动低空经济健康发展的关键因素之一，它涉及低空飞行基础设施、低空飞行、低空服务与保障的规范化。我国的低空标准化建设刚刚起步，涉及内容多，影响产业广，标准化文件编制任重道远。

低空标准化建设既是低空文化的重要组成部分，也是低空经济发展的重要实施规范，属于低空经济的顶层设计部分。低空标准化建设的目标，就是通过一系列标准化文件编制，建立一套完善的低空飞行管理和运行标准体系，以确保航空器安全、高效运行。低空标准化建设涉及若干个方面的内容。

例如：

空中交通管制（ATC）标准；

飞行程序设计标准；

机场和起降点标准；

航空气象服务标准；

安全和应急响应标准；

技术设备和性能标准；

飞行人员培训和资质认证。

第四种：年度报告与榜单

"年度报告"涵盖"低空经济、低空产业、无人机行业"等各细分领域。通过对所提供数据的分析和对行业发展的了解，为政府和企业提供了深入洞察和分析，对其了解行业的现状、发展趋势以及潜在机会具有重要的价值，对于政府制定政策、企业调整战略都具有重要的参考价值。

近两年来，政府、非政府组织及社会研究机构纷纷推出关于"低空经济"的行业发展报告、年度发展报告及产业发展报告，有全局性的也有局部的，从宏观的层面推动了低空经济的发展。例如：

赛迪顾问的《中国低空经济发展研究报告》；

中国航空工业集团的《通用航空产业发展白皮书》；

前瞻产业研究院的《2024年中国工业无人机行业全景图谱》；

湖南省无人机行业协会的《2023年度湖南省无人机行业发展报告》。与年度报告同步推出的还有优质企业榜单。

韵洪天机——新疆月牙泉常态化造景

第五种：低空文化传播

低空文化传播是一种结合现代科技与文化创意的新型文化传播方式。它不仅能够有效地传播文化内容，还能够提供体验，促进文化的发展。

低空文化的传播方式有两种：

一种是以多媒体与多样式活动的方式传播低空经济创新发展成果；一种是以"低空"实景为媒介载体，如无人机空中造景、航空运动等沉浸式方式，展现低空经济带来的生活新体验。这种沉浸式的传播方式，用身临其境的带入感，使人感觉既真切又生动。

◎ 第三节 低空文化建设的战略意义

将低空文化建设上升到战略高度，并不是哗众取宠。

它的战略意义在于其对国家安全、经济发展以及社会进步所起到的重要作用。时代发展到今天，低空空域既是有待开发利用的宝贵资源，又是一项发展新质生产力的国家战略。

在国家安全层面，低空文化建设有助于提高国家的空域管控能力。低空空域的有效利用也是国防建设的重要组成部分，通过建立健全的低空空域管理体系，既能增强对边境地区的监视和保护，又能提高应急救援和反恐维稳的能力。

在经济层面，低空经济被国家确定为推动产业结构升级和经济增长的新兴经济引擎。以通用航空产业为主导，以无人机产业为主体的低空经济文化，是低空文化建设的源泉。

在社会进步层面，低空文化建设从理论上优化了低空经济的发展航向，厘清了低空产业发展模式。在低空文化的建设之中，让人懂得低空产业可以大幅提高效率、大幅降低成本、大力规避风险；懂得这

飞芒航空——洞庭湖之大通湖日落

次以科技推动的新技术革命和以新质生产力发展的低空经济，是时代进步，是未来之选。

所以，低空文化建设不是主题先行，而是立体可视，具有战略意义。有着"云端文化"之美誉的低空文化，正展开双翼凌空而来，左翼通向未来科技创新，右翼连通现实生产与生活。

低空文化建设，是"低空飞行体验文化、低空经济与产业发展文化、低空科技与创新文化、低空安全与管理文化、国际合作与标准化文化"之间的深度融合。

低空文化建设是时代赋予的使命，天高地阔，内涵丰富。

◎ 第四节　中华飞行文化之精神

中华五千年文明史册，展现了对宇宙、对天空和飞行的神奇想象和对未知领域的无限渴望。

家喻户晓的"嫦娥奔月"神话，表达了古人对月球的无限遐想；藏在石窟壁画里的飞天图，是佛家追循天人们自由与快乐的大彻大悟；那飞翔在九天之上拥有神奇力量的玄女，是古人向天借力借智、向人间传递智慧和战术的奇伟构想；盘古开天辟地的故事，虽不是有关飞行的神话，但那天地分离时的震撼，表现了人类向未知领域进发的勇气和力量。

还有中学语文课本里这一段——

北冥有鱼，其名为鲲。鲲之大，不知其几千里也；化而为鸟，其名为鹏。鹏之背，不知其几千里也；怒而飞，其翼若垂天之云。是鸟也，海运则将徙于南冥，——南冥者，天池也。

翻译过来是这样：

北海有条鱼，它的名字叫鲲。鲲的体形巨大，不知道有几千里长。变化成为鸟，它的名字叫鹏。鹏的背部广阔，不知道有几千里宽；奋起而飞，它的翅膀就像天边的云。这只鸟，当海水激荡、飓风刮起的时候，就要迁往南海。那南海，就是一个天然的大池。

从开天、飞天、天人、九天玄女到"其翼若垂天之云"的鹏等等，都表明，自古以来，中华民族从来没有停止过对天空的神往和对飞行的探索——

那风筝和火箭，是我们的祖先最早的航空发明和对宇宙的早期探索。

那篇《庄子·逍遥游》，字里行间都是对中华飞行文化的哲学思考。当道家的"羽化登仙"情景与佛教的"天人"形象组合在一起，中华飞行文化就有了自律与自由对立而统一的思想精髓。

从"天地玄黄"的世界里淬炼出来的中华飞行文化，一开始就烙上了开天辟地、自律自由、永不言败的精神特质。

当它的特质融入第四次工业革命的浪潮中，"开天辟地"被物化为创新领先的现代科技，"自律自由"被践行为科学发展的天地一体，"永不言败"成为迎接未来的精神图腾。

这就是中华飞行文化之精神。

第十七章

应用场景——航空运动与赛事

有人说，航空运动是一项勇敢者的运动，这只是它的表面。

航空运动的精神特质在于敬业精业、创新超越、团队协作、尊重规则。

不同的国度、不同的信仰、不同的技术与艺术融合在一起，在云端之上，在同一片天空，以竞技的方式，相互交流，彼此认同，各放异彩。

这是航空运动的文化，也是文化的认同。

航空运动是一项在空中进行的体育运动，它包括飞行运动、航空模型运动、跳伞运动、滑翔运动、热气球运动。航空运动是一项集挑战性、教育性和娱乐性于一体的体育活动。

　　有人说，航空运动是一项勇敢者的运动，这只是它的表面。航空运动的精神特质在于敬业精业、创新超越、团队协作、尊重规则。

　　以尊重规则为例。

低空滑翔机运动——飞芒航空

航空运动的规则从属于空中交通规则。

我国的空中交通规则是通用的，每个飞行员都必须熟知并在飞行中严格遵守。规则包括：速度快的飞行器必须让速度慢的飞行器先行，有动力的飞行器必须让无动力的先行；两个飞行器迎面相遇时，应各自向右转弯避让；当两个飞行器交会相遇时，处于右侧的飞行员拥有优先通行权；往同一方向飞行时，高度高的飞行员要主动避让高度低的，使其先行；超越前方飞行员时，应从前方飞行员右侧超越，并随时注意前方飞行员的飞行状态；进行山坡动力气流翱翔时，靠近山坡的飞行员拥有优先通行权；在山坡动力气流中改变飞行方向时，始终要朝离开山体的方向转弯；进行热气流翱翔时，高度低的飞行员拥有优先通行权。

航空运动的规则，对低空空域的管理，特别是空中交通的运行起到了高标准的示范引领作用。

◎ 第一节　航空运动的基本形式

1. 飞行运动竞赛

飞行运动竞赛是航空运动中最为常见的一种类型。

这类竞赛包括驾驶装有活塞式、涡轮螺旋桨式、喷气式发动机的各种飞机创造飞行速度、高度、航程、续航时间、上升速率、载重量等方面的纪录；驾驶装有活塞式发动机的单座运动飞机直线往返飞行、起落航线飞行、绕标飞行等。特技飞行项目是在简单气象条件下，驾驶运动飞机展现高级特技。

2. 滑翔运动竞赛

滑翔运动竞赛是指驾驶滑翔机在空中滑翔和翱翔飞行的一项航空运动。作为一种空中体育运动，其竞赛形式多样，包括但不限于精准降落赛、定时赛、折返赛、距离标杆赛等。

滑翔运动既具有运动挑战性又具有观赏性，它集运动元素、娱乐元素、文化元素于一体，是节会开闭幕式造势、旅游景区推广的重点选项。

3. 跳伞运动竞赛

跳伞运动竞赛是指人们利用降落伞从空中跳下的一项航空运动，也是一个充满挑战和魅力的领域。竞赛包括从各种航空器上的跳伞、地面跳伞塔跳伞等。跳伞竞赛项目很多，国际上开展的项目有定点跳伞、特技跳伞、造型跳伞和表演跳伞。此外，还有在7000米以上高度进行的高空跳伞，日落后一小时至日出前一小时内的夜间跳伞，在江河海等水域上进行的水上跳伞等。

4. 航空模型运动竞赛

航空模型运动竞赛是一项集空气动力、电子、机械、无线电、材料、工艺、结构力学等多学科知识于一体的综合性科技体育竞赛。它不仅是一项竞技运动，而且还包含丰富的工程技术理论和制作内容。航空模型运动竞赛，可以培养人们对航空事业的兴趣，普及航空知识和技术，同

低空跳伞运动——飞芒航空

时也能发展参赛者智力和增进参赛者身体健康。

国际上，国际航空联合会（FAI）是主管航空模型运动的国际组织。

中国航空模型运动有着悠久的历史，自 1949 年后得到了迅速的发展。从 1956 年起，每年都举办全国性的比赛。

其中——

全国航空航天模型锦标赛是中国国内最高级别的航模竞赛之一，竞赛不仅是运动员展示技能的舞台，也是国家选拔一级运动员的重要渠道。

全国青少年航空航天模型教育竞赛是促进青少年健康成长、推动科技体育在学校的普及与发展的重要途径，通常由各省、自治区、市的体育局主办。

5. 热气球运动竞赛

热气球运动竞赛是一种富有挑战性和观赏性的体育赛事，它不仅考验飞行员的技术和判断力，还展现了热气球作为一种特殊交通工具的多样性和功能性。

热气球运动不仅是一种体育娱乐活动，还展示了人类对天空的征服欲和航空体育运动的多元价值。发展热气球运动，可以让人们了解和体验这一浪漫的体育项目，对推动当地体育及旅游业的发展起到了重要作用。

热气球运动——飞芒航空

6.无人机运动竞赛

无人机运动竞赛是近年来新兴的一种航空运动赛事，它涉及多轴无人机、遥控直升机、固定翼飞机、火箭助推滑翔机、伞降火箭等多种类型的竞赛。

无人机运动竞赛是一种集合了科技与艺术创新的竞技活动，它不仅考验参赛者的飞行技术，还要求他们具备良好的心理素质和应急处理能力、艺术创新能力。

无人机运动竞赛通常分为多个项目，包括竞速赛、技巧赛、航拍赛等。

◎ 第二节 无人机运动赛事的发展历程

"浪漫式"起步：无人机运动赛事起源于航空模型文化，这种文化可以追溯到 100 年前。当时的航空业还处于一个"浪漫"的时代，抬头看看天上的飞机就能激发心中的热情。随着时间的推移，新技术带来了机器人和航空完美结合的风暴，无人机运动赛事也因此得到了快速发展。

"里程碑式"发展：在 2023 年，无人机运动第一次正式列入全运会，这是无人机运动的一个重要里程碑。同年，无人机竞速赛也开始逐渐兴起，吸引了大量的参赛选手和观众。此外，一些专业的无人机体育比赛也开始兴起，如世界无人机锦标赛等。

"蓬勃式"拉升：进入 2018 年后，国家体育总局航管中心、中国航空运动协会（ASFC）、民用航空局、教育部、工信部、中国航空工业集团等，开始支持和提倡无人机运动赛事。2017 年，全球无人机销量约有 300 万架，同比增长 25%；市场规模约达 60 亿美元，较上年增长 33.33%。而在国内，无人机运动赛事也得到广泛的开展，如中国无人机公开赛 CDR 深圳站、深圳 D1 亚洲杯无人机大赛、北京 TCK 常规月赛、上海 X-FLY 国际邀请赛、上海 TOS 亚洲邀请赛，以及重庆、成都、西安、常州等地的"中航未来杯"等比赛。

"高速式"增长：目前，无人机运动赛事已经成为国际和国内的青少年阶层中的发展十分迅猛的项目。在国内，无人机运动赛事也已经形成了一个完整的产业链，包括无人机的生产、销售、维修，以及相关的培训、比赛等服务。同时，无人机运动赛事也已经成为推动无人机产业发展的重要力量，预计在未来五年，全球无人机市场将迎来高速增长期。

◎ 第三节　国内外无人机运动重要赛事简述

1. 国际无人机大赛

国际无人机大赛包括多种类型的竞赛，如 DJI RoboMaster 无人机大赛、AUVSI 无人机竞技大赛和 World Drone Prix 等。这些比赛通常由全球领先的无人机制造商或行业协会主办，吸引了来自世界各地的团队和飞手参与。例如，DJI RoboMaster 无人机大赛是全球最大的大学生机器人竞技比赛之一，其中包括无人机竞技赛。AUVSI 无人机竞技大赛则是全球最大的无人机竞技大赛之一，吸引了众多参赛团队。

2. 全国青少年无人机大赛

全国青少年无人机大赛是一个面向中小学生的比赛，旨在培养青少年对科技和创新的兴趣。该比赛设立了个人赛、团体赛、团体接力赛等多种类型的赛事，有助于培养青少年的团队协作精神和自主创新能力。此外，还有类似"飞向北京·飞向太空"的比赛，这是由国家体育总局航空无线电模型运动管理中心、中国航空运动协会主办的赛事，采用"体育 + 创新"模式，让参赛选手们通过研究学习、创意设计、动手制作和体育竞技等方式增长知识、锻炼能力。

3. 世界无人机锦标赛

世界无人机锦标赛是一项国际比赛，由国际航空联合会主办。首届比赛于 2018 年在深圳举行，共有来自 34 个国家和地区的 128 名飞手参加。比赛设有团体赛及个人赛、青少年组及女子组比赛，赛事总奖金达 150 万元。比赛赛制包括资格赛、淘汰赛、排位赛、决赛等四个阶段。

4. 中国无人机竞速联赛

中国无人机竞速联赛是一项全国性的竞赛活动，运动员在地面用无线电遥控设备结合 FPV 眼镜，以第一视角操纵多旋翼无人机，使其按规定路线穿越障碍。比赛规则和技术要求包括无人机的动力来源、旋翼数量、动力电池最高电压、起飞重量、旋翼轴距和螺旋桨直径等参数的规定，以及遥控设备的发射功率、频段要求等。

5. 中小学无人机赛事

中小学无人机赛事是针对青少年群体设立的比赛，旨在普及无人机技术，培养青少年的科技创新精神和动手实践能力。例如，"飞向北京·飞向太空"全国青少年航空航天模型教育竞赛活动就设有多个无人机竞赛项目，面向全学段中小学生。这些比赛考验了青少年的技术水平，同时促进了他们全面发展。

场景案例：云端上的畅想——航空运动的多元价值

航空运动作为一个新兴产业领域，它所形成的丰富的休闲体验场景，不仅高效地带动旅游产业链的发展，还传递着航空运动的精神和多元的价值。

（1）文化价值

航空运动的文化，凝聚着不同地域的民族文化与不同时期的艺术表达。这是文化的传承，也是文化的认同。不同的国度、不同的信仰、不同的技术与艺术，在云端之上，在同一片天空，以竞技的方式，相互交流，彼此认同，各放异彩。

（2）经济价值

低空经济时代，航空运动以高端的旅游体验方式、震撼而又刺激的娱乐形态、酣畅优美的沉浸式体验，带给人深刻的场景记忆与品牌识别，形成了推动低空经济发展的独特风景线。

（3）社会价值

航空运动以其独特的魅力和广泛的参与度，以运动推动文旅，以运动体现生命价值，更以运动展示国家的综合国力和技术水平，提升国家形象。

（4）教育价值

航空运动是一个新兴领域，也是低空经济通向未来的一扇窗。它以运动的价值推动航空运动人才的选拔与培养，又以低空产业的需求促进就业。航空运动为人才提供一个广阔的发展平台，为推动航空科技教育的发展，提供了具有国家标准甚至国际标准的应用场景。

七彩校园里的七彩风筝——飞芒航空创意

第十八章

应用场景——航拍及视频文创

　　航拍，让我们挣脱了大地的束缚，以自由之身腾入无人之境；翱翔于云端，那些曾被忽略的壮阔与渺小，芸芸万物，皆为美好！

　　基于航拍，无人机脑洞大开，扩展并应用于植保、巡检、测绘、安防、物流等领域，为低空经济的发展作出贡献。

　　据不完全统计，全国有超过 100 万的专业无人机操控手常年进行高质量视频创作，各类商务航拍制作营收总额突破 600 亿元。

　　航拍及视频文创，是天空与大地的诗意对话，是科技与艺术的完美融合。

航拍是科技与艺术的完美融合，是低空经济跨界融合的文创代表。其从业人数之众、辐射范围之广、精品力作之多、行业影响之大，有目共睹。

来自湖南省无人机行业战略发展研究院的调查统计：

截至 2023 年底，全国共有 95 个无人机操控员执照考试点，超

19.44 万人拥有专业执照。据不完全统计，全国有超过 100 万的专业无人机操控手常年进行高质量视频创作，各类商务航拍制作营收总额突破 600 亿元。

自 2017 年以来，大型航拍纪录片《航拍中国》已经在中央广播电视总台播出四季。《航拍中国》以空中视角俯瞰中国，立体化展示中国历史人文、地理风貌及社会形态，让观众从一个全新的角度看到美丽中国、生态中国、文明中国。

以《航拍中国》为航标，基于航拍的视频创作腾空而起，异彩纷呈。

云端上的湘江　摄影：石头

◎ 第一节 航拍与飞行器

提起航拍，你是不是首先想到无人机航拍？

其实，航拍的飞行器有多种。比如：

热气球——早期的航拍工具之一，可以在 300 米到 500 米的高空飞行，飞行平稳且持续时间长。

小型飞机——常见的航拍工具，主要用于雪山观光拍照，飞行高度一般在 4000 米至 5000 米之间。

三角翼轻型飞机——较早常见航拍飞行器，两人座，无遮挡，大视野，平衡流畅性好。

直升机——在无人机航拍兴盛之前的主流航拍工具，飞行高度可达 6000 米，电影电视剧大场景的首选。大型纪录片《航拍中国》第一季就动用了 16 架载人直升机和 57 架无人机航拍，第二季也动用了 12 架载人直升机和 70 多架无人机航拍。

无人机——目前最常见、使用最广泛的现代航拍工具之一，飞行最大高度 500 米，最远距离 15 千米。无人机具有稳定性、操控性和维护方面的优势，并且根据不同的需求搭载不同类型的相机和云台。

无人机航拍是无人机相对较早的应用场景。

随着无人机视觉传感技术、图传技术、飞行控制技术的不断进步，无人机测绘、无人机巡检、无人机安防、无人机监测等多项基于视觉传感技术的场景，均得到深度开发与广泛应用。

穿越机——穿越机航拍是一种新兴的航空摄影技术，它结合了无人

机技术和第一人称视角（FPV）技术，使得拍摄者能够以极高的速度和灵活自由度进行航拍。因为它能够捕捉到传统航拍无法拍到的震撼画面，被电影电视剧制作大量采用，是航空影像领域的一大亮点。

穿越机航拍因为技术要求高、人才紧缺而具有广阔的前景。

◎ 第二节　基于航拍的相关项目

一、航拍基地

几年前，航拍基地是航拍俱乐部、协会等组织为服务会员而签约的景区和"网红打卡点"。随着航拍者的不断增加和短视频文创的蓬勃兴起，"航拍基地"与"网红打卡点"合二为一。

航拍基地不限于上述两类场景。工业园区、城市公园、生态湿地、现代标志性建筑、古建筑群甚至特色农庄等等，都可以挂牌成为"航拍

湖南省无人机行业协会——武功山云端盛典航拍基地

厦门航拍基地

基地"。

基于文创的航拍基地，直接间接地提升和拉动低空经济的人气和消费，形成了可复制可推广的文创产业，经济贡献值巨大。

二、航拍赛事

航拍赛事作为一种结合了技术与艺术的活动，在全球范围内吸引了广泛关注和参与。国际国内的航拍赛事林林总总，内容丰富多彩。赛事不仅提供了展示航拍人才华的舞台，还促进航拍技术的普及和发展，带动低空相关产品和产业的发展。

虚实相生。策划一个成功的航拍赛事，可以培植出一个优质的文创项目，搭建起一个技术与艺术的平台。

三、版权交易平台

航拍版权交易内容有"航拍视频素材、图片素材、航拍作品"三种，按"个人版权、企业版权、企业商用版权"三大类别交易授权。

国内关于航拍的专业交易平台还不多见，最早的专业的航拍资源交易平台有央狐网。这些推动航拍资源变现的在线版权交易，不仅精简了版权交易的流程，提高了交易效率，为版权保护提供了新的解决方案；更重要的是缩短了影视创作时间，降低了影视制作成本，建立了航拍公共资源库，共建共享。

长沙市　图片来源：央狐网

四、旅游纪念品

通过航拍技术捕捉到某个旅游景点的独特风景和文化氛围，然后可以将这些图片制作成精美的纪念品，如软木画、明信片、钥匙扣、冰箱贴等。

五、影视与广告作品

作为航拍文创产品的重头大戏，影视与广告作品早已成为大众精神生活的一部分。随着航空技术与艺术的发展进步，单一的航拍大制作或短视频精品制作已成为一种创意新潮流，并形成了一种大众喜闻乐见的创作特色。

滚滚大潮始发于央视《航拍中国》。

看看下面这一段被百万航拍人亿万次模仿的片头解说词，你是否感受到力透纸背的澎湃激情？

你见过什么样的中国？

是九百六十万平方公里的辽阔，

还是三百万平方公里的澎湃？

是四季轮转的天地，还是冰与火演奏的乐章？

像鸟儿一样离开地面，冲上云霄，结果超乎你的想象。

前往平时无法到达的地方，

看见专属于高空的奇观。

俯瞰这片朝夕相处的大地，

再熟悉的景象也变了一副模样。

从身边的世界，到远方的家园，

从自然地理，到人文历史，

50 分钟的空中旅程，前所未有的极致体验……

——《航拍中国》第一季片头解说词

2019 年以来，在中共长沙市委宣传部、中共湖南省委网信办的指导下，湖南省无人机行业协会联手长沙市无人机行业协会，历时三年，集结湖南省 150 多名航拍精英，先后推出了"云端盛典"系列视频——《云端上的交响》《云端上的湘江》《云端上的洞庭》和《云端上的汨罗江》等。

《云端上的湘江》

◎ 第三节　应用场景

　　广义的航拍场景，是指所有能够飞行的空域，不受时间和空间的局限，如城市、乡村、江河、湖海、春夏秋冬、风霜雨雪，比比皆是。但是，因为内容与创作，航拍往往又有特定的区域和场景要求。

场景一：国家地埋

国家地理是一个非营利性的科学和教育组织，也是一个世界性的文化品牌。全球很多国家都有本国的国家地理杂志，如《中国国家地理杂志》。创刊于 1888 年的美国《国家地理》（*National Geographic*），是

云端上的黄浦江

世界上最古老的地理杂志之一。"国家地理"通过其独特的视角和高质量的图片奠定自己的文化品牌地位，在全球范围内拥有广泛的影响力和认可度，是摄影记者们梦想发布照片的地方，也是当今航拍师们证明自己技术与艺术水平的平台。

场景二：影视基地

影视基地是专门为影视拍摄提供场地和服务的地点，它包括真实的地理位置，人工建造的场景。中国拥有十大著名的影视基地，如横店影视城、上海影视乐园、长影世纪城、北普陀影视城、同里影视基地、象山影视城等等。影视基地是航拍优秀人才密集的地方，大都有较高的创作水准。

场景三：节目制作基地

节目制作基地是专门用于电视节目制作的场所。演播室作为节目制作基地的重要组成部分，根据用途分为大型、中型和小型，分别适用于不同类型的电视节目制作。近年来，随着无人机避障技术的提高，一些棚内的大型节目制作开始使用无人机，有的甚至加入了穿越机。无人机进棚航拍是一种趋势，无疑对操控人员的技术与艺术水准提出了更高的要求。

场景四：活动现场

航拍几乎成为活动的标配，无论室外室内。

七彩盒子——湖南广电未来科技之城

在活动现场，航拍基本上取代了几年前的摇臂。相比起来，航拍成本低、效率高、操作灵活、空中视觉更震撼。

场景五：旅游景点

航拍为游客提供了独特的视角和难忘的体验，已广泛用于自然风光和大型景区，如山脉、湖泊、森林和著名地标建筑。

通过航拍，游客可以欣赏到景区的全景，捕捉到地面无法看到的美丽景色。航拍视频和照片还能作为珍贵的纪念品，让游客在游览结束后继续回味旅途的美好。

场景六：景观设计

航拍应用于景观设计中已经普及，这是因为航拍提供了全新的视角

赤岗古镇　图片来源：央狐网

和详细的地形信息，有助于设计师更好地理解和规划景观空间。

场景七：城市规划

航拍应用于城市规划，可以帮设计师获得宏观的视角，捕捉城市的整体美感和设计细节，从而创造出更具震撼力的设计方案。

场景八：遗产保护

对于文化遗产的记录和保护，航拍也是一个非常有效的工具。它可以提供高清的图像和视频资料，帮助研究人员和公众更好地了解这些珍贵的文化遗产。

场景九：生态研究

农业、林业、草原、湖泊以至海洋，航拍用于记录地形地貌变化过程以及采集生态变化图谱，为科学家和管理者进行生态研究提供准确而翔实的信息。

后 记

2024 年 7 月 15 日。今天是约定提交书稿的日期。

时间回拨到子夜，当我补写完第五章的"场景案例"——《来自团洲垸洞庭湖的救援报告》后，一个人独坐在书房里，思如飞絮。

时间继续回拨。2024 年 7 月 5 日 16 时许，华容县团洲垸洞庭湖一线堤防发生管涌险情，紧急封堵失败，堤坝溃决，溃口最宽曾达 226 米。

时间回拨到 2023 年，本人受中共湖南省委网信办之命担任重大主题与重大宣传题材项目《云端上的洞庭》航拍视频总导演。在近 10 个月的拍摄时间里，省、市两级无人机行业协会集结 50 架无人机，环湖 1000 余公里，飞越湘鄂两省 6 市 12 县。出发前省水务中心的负责人建议我们一定要航拍藕池河，它是长江的一条重要支流，进入湖南以后，分东支、中支和西支三路注入洞庭湖。

岳阳华容县东南部的团洲垸，正位于洞庭湖与藕池河的交汇处，东南北三面环湖，素有"湖南第一险"之称。但时至今日，无论如何，我都无法将淹没在深水里的团洲垸与印象中那个春天里望不到边的油菜花海、秋日里三面折射出潋滟湖光的团洲垸视为一体，以致于面对两个迥异的场景唏嘘不已。

欣慰的是，在团洲垸的排涝工作紧张进行之时，应急管理部国家自然灾害防治研究院的专家采用无人机防堤，通过搭载热红外和激光雷达，及时发现、确认并排除大堤上存在的 2 处管涌。

这就是典型的无人机河流巡检应用场景。

回望去年三月，我们对本省无人机行业龙头企业进行了为期一周的集中调研。在调研过程中提炼出一个很有意思的应用场景，当时命名为"短距离物流"，本书中我再次提炼为"'单控式'短距离物流"并写进第六章。为了写作本书多搜集一些视频素材，我通过抖音平台联系到湖北宜昌姊归县一位昵称为"铜虎"的飞手，他的"无人机吊运"场景创意与烟火之气并茂，隔着手机屏幕都能感知到他的业务越来越多，团队越来越大。而与此同时，我们协会的会员企业也在张家界天门山和江西武功山开启了无人机"短距离双线物流"。所谓"双线"，就是"上山线"运送生活用品，"下山线"运回生活垃圾。

从提出"单控式"短距离物流的概念到应用实践，检验了我们对无人机应用场景的基本认知和判断。由此想到"短距离物流"场景的深意在于：新质生产力的无差别重新分配，对以往受劳动力和资本限制而形成贫富差别进行颠覆式革命，巩固与发展脱贫攻尖的成果。

场景是产业的模块，应用场景是低空经济的细胞。

从三月开始撰写这部关于《低空经济及其应用场景》的专书。提醒自己要以前瞻的思维、客观的表达、融合的方法，解析通用航空与无人机两大产业的应用场景；同时把我们湖南省和长沙市两级无人机行业协会同仁们的所努力、所经历、所迷茫、所思考和所追求的低空经济结构形态、市场模型、商业价值以及未来展望分享出来，一方面为推动低空经济的发展和应用场景的创新尽一份力量，一方面为低空产业从业者提供一套场景应用的"常用工具"。

初心如斯。

书中所列举的 4 大类 15 小类共 138 个应用场景，并不是坐在空调房里想出来的，而是源于生产与生活。针对每个场景，我力求从"知识原理、技术支撑、操作流程、市场前景"等方面进行"立体的、可视的、落地式"实用详解。所列举的场景由三个部分构成：一部分是本人自 2014 年操控无人机以来的亲身体验，一部分是湖南省和长沙市两级无人机行业协会会员们的场景案例，一部分是与全国各地无人机行业知名企业深入沟通后的成果分享。

至于独立成篇的 9 个"场景案例"，均来自于国内外具有重大影响的典型事件。从我个人的认知角度而言，每个案例都是场景的灵魂与升华，您不妨"用心"来读。

书中有近 200 幅插图。一部分是我多年航拍压箱底的习作首秀，一部分是本协会航拍大咖们的精品力作。特别要说明的是那些 AI 生成的图片，仅管是虚拟表意，却预示着低空经济的场景未来。

虽为万言之书，但我最喜欢的还是开卷第一句：人类与未来正相向而行。

古人云："亲其师，信其道"。

衷心感谢为本书作序的中国工程院刘大响院士和欧洲科学院院士、

世界无人机大会杨金才主席，湖南省政府罗建军参事，湖南省人大教科文卫委员会原副主任委员詹鸣先生；特别感谢辛勤工作的编辑老师们，让我再次感受到与出版精英合作是何其广益又何其愉悦。

自提出《低空经济及其应用场景》选题，便得到国内众多知名企业与相关机构的鼎力支持，他们或接受调研、或提供案例、或安排专员全程配合。他们是：大疆创新、浙江建德航空小镇、智航飞购、千机科技、湖南飞芒航空、湖南中电金骏、湖南韵洪天机、湖南植保无人机、湖南恩安华、湖南知云无人机、中科云图、联合飞机、迅蚁无人机、正中航空科技馆、长沙市航空运动协会、湖南低空领航、湖南省通用航空发展有限公司和湖南低空产业发展有限公司等。

在此一一深表谢忱！

黄正中

2024 年 7 月 15 日于长沙

图书在版编目（CIP）数据

低空经济及其应用场景 / 黄正中著. -- 长沙：湖南人民出版社，2024. 11. -- ISBN 978-7-5561-3670-4

Ⅰ. F561.9

中国国家版本馆CIP数据核字第20243EH279号

低空经济及其应用场景

DIKONG JINGJI JI QI YINGYONG CHANGJING

著　　者：黄正中

出版统筹：钟伦荣

监　　制：陈　实　傅钦伟

产品经理：曾汇雯

责任编辑：陈　实　曾汇雯

责任校对：张命乔

装帧设计：陶迎紫

出版发行：湖南人民出版社 [http://www.hnppp.com]

地　　址：长沙市营盘东路3号　　邮　　编：410005　　电　　话：0731-82683348

印　　刷：长沙鸿发印务实业有限公司

版　　次：2024年11月第1版　　　　　　　　印　　次：2024年11月第1次印刷

开　　本：787 mm × 1092 mm　1/16　　　　印　　张：21.75

字　　数：180千字

书　　号：ISBN 978-7-5561-3670-4

定　　价：98.00元

营销电话：0731-82683348（如发现印装质量问题请与出版社调换）